公務員試験
速攻の時事

資格試験研究会 編
実務教育出版

JN090821

はじめに

　本書は,「公務員試験における時事とは何か」を勉強するための唯一の本格的テキストである。

　一般の就職試験の時事と公務員試験の時事は違う。そのため, 制作にあたっては, 初級（高卒程度）から上級（大卒・院卒程度）までの各公務員試験の教養科目・専門科目に可能な限り目を配った。

　公務員試験のあちこちに登場する政治・経済・法律・社会・科学の時事問題には, これ1冊でほとんどすべて対応できる。しかも, 各テーマは「出る順」にランクづけし, それぞれの要点は「出る文」にまとめた。

　時事問題対策は, 積み重ねの勉強が必要ないだけに, 直前の点数アップにはかなり有効である。また, 本書を読むと, 自分が公務員の世界に入っていくとの感覚も強く持てるに違いない。時事の勉強を通じて公務員への道をより確かなものにしてもらいたいというのが, 著者の願いである。

　なお, この『公務員試験 速攻の時事』の知識確認のために, 『公務員試験　速攻の時事 実戦トレーニング編』も出版されている。本書と併せて利用し, 知識の定着と実戦力アップを図ってほしい。

執筆責任者
高瀬淳一

公務員試験における「時事」とは

▶4種のネタ

　時事問題を解くのに必要な知識は，公務員試験でも民間企業の就職試験でも同じだと思っている人がいる。そして，企業向けの一般常識の本で公務員試験を乗り切ろうとする。しかし，これは無謀である。というより，公務員試験における「時事」とは何かを知らなさすぎる。

　公務員試験の時事問題を解くのに必要な知識は，主に次の4つの要素から構成されている。

①**白書**（中央官庁などが出す行政に関する「年次報告書」。そのほか，公式の各種報告書）

②**統計**（調査結果を数値で表したもの。政府あるいは政府系の研究機関が発表したものがほとんど）

③**施策**（中央官庁や自治体が行った政策の具体的内容。新法の制定や法改正を伴うものが大半）

④**動向**（各国の政治動向や経済動向など，そのときどきの情勢を一般的に記述したもの）

　行政を担おうとする者には，この4つの「ネタ元」を勉強することが求められている。なにしろ，動向を注視し，統計で調べ，施策を打って，白書で報告するのが，公務員の基本的な仕事のスタイルだからだ。

▶教養試験の時事問題

　ありとあらゆる公務員試験で時事は出題される。しかも，時事が出題される科目は，教養試験（基礎能力試験）にも専門試験にも，そして論述にもある。

①国家公務員試験

　国家公務員試験では，基礎能力試験で「**自然・人文・社会に関する時事**」が出題される（高卒程度試験を除く）。出題数は，総合職試験，一般職試験，専門職試験，経験者採用試験では「**情報**」と合わせて**6題**である（総合職試験・教養区分は「自然・人文・社会（時事を含む）」と「情報」で計30題）。

　今年（令和6年度）から実施されるので，本書の執筆段階では推測にすぎないが，「自然・人文・社会」は字義どおりの意味ではないだろう。「自然」の時事なら熊対策だ，「人文」は人間と文化の意味だから時事ならジャニーズだ，とはいかないはずだ。おそらく「自然」は科学・環境分野を幅広く含み，「人文」では地理歴史を踏まえた国際情勢なども出題され，「社会」は政治・経済も含む社会情勢になるととらえておいたほうが無難である。もちろんこうした3分野を明確にせず，総合問題的に自然・人文・社会の視点を盛り込む可能性も濃厚だ。時事を軸にして，背景や関連知識を押さえていく勉強法が有効だろう。

②地方公務員試験

　地方公務員試験でも，やはり教養試験で時事問題が多く出題されている。出される科目は「政治・経済」や「社会」である。なお，東京都Ⅰ類や特別区Ⅰ類の科目にある「社会事情」は，当然，すべてが時事だ。

　出題のパターンは大きく分けて2種類ある。基礎知識を問う問題の一部に時事を含めているパターンと，時事そのもので5つの選択肢がつくられているパターンである。たとえば，選挙制度についての問題で，基礎知識とともに最近の制度改正を選択肢の一部に含んでいるようなものが前者の例である。

　時事そのものの出題は，「経済」における経済動向や，「社会」における厚生労働行政に関するものが多い。特に「社会」の出題範囲は広く解釈されているようで，環境問題も犯罪動向も世界遺産もすべて対象に含まれている。

　また，平成30年度から地方公務員試験の一部で導入された「新教養試験」では，**これまでよりも時事を重視**し，幅広い分野の題材（ICT・環境問題・社会保障等）から出題するとしている。特に市役所受験者は，以前にも増してしっかりと時事対策をしておく必要がある。

▶専門試験の時事問題

　専門試験でも時事についての知識は欠かせない。まず，行政系科目では，「**政治学**」や「**行政学**」で，制度改正についての出題が多く見られる。さらに「**国際関係**」では，最近の国際情勢が当然のように問われる。また，地方上級の科目にある「**社会政策**」でも，社会保障や労働問題についての時事が出ている。

　経済系科目では，「**経済事情**」と「**財政学**」で必ず時事が出題される。ちなみに，国税・財務専門官では「**経済学**」で経済事情が必ず2問出題されてきた。

　「経済事情」の出題内容がすべて時事であるのは当然として，「財政学」の内容も大半は時事問題であると考えておくほうがよい。実際，一般会計予算や税制改正の内容は，公務員試験でも屈指の頻出時事テーマになっている。

　法律系科目で時事が出題されるのは，主として違憲判決や大きな法律改正があった場合だ。特に六法の改正には気をつけておこう。

　なお，各種試験の一般論文・政策論文でも時事ネタはよく取り上げられているし，面接や集団討論でも時事の知識が問われることがある。外務省専門職員試験には第1次試験に「時事論文試験」がある。今後の採用においては，どの試験でも，行政の現状と課題を踏まえて実際に政策を立案・実行していけるかが重視されていく。本書とともに，姉妹編の『**論文・面接で問われる行政課題・政策論のポイント**』をしっかり読み込んで，アピールにつなげてほしい。

本書の特長と使い方

▶白書を徹底研究

本書は、先に述べた①白書，②統計，③施策，④動向の全要素をきちんとフォローしている。このうち白書については，各章で次のような対応をしている。

第1章「日本政治」と第2章「国際政治」では，**『外交青書』**をメインに，**『開発協力白書』**や**『防衛白書』**のポイントを整理した。

第3章「日本経済」は**『経済財政白書』**を徹底して読み込んだうえで書かれている。

第4章「経済政策」では，**『通商白書』『観光白書』『食料・農業・農村白書』**から重要事項を抽出した。

第5章「財政」では，**『経済財政白書』『地方財政白書』**を参照している。

第6章「世界経済」では，**『通商白書』**をメインに**『世界経済の潮流』**もフォローしている。

第7章「厚生」と第8章「労働」では，**『厚生労働白書』**を中心に，関連テーマに合わせて**『高齢社会白書』『障害者白書』『労働経済白書』『過労死等防止対策白書』**などを参照している。

第9章「文部科学」では，**『文部科学白書』**と**『科学技術白書』**を分析。**『情報通信白書』**も見ている。

第10章「環境」では，**『環境白書・循環型社会白書・生物多様性白書』**のほか，必要に応じて**『エネルギー白書』**にも触れている。

第11章「司法警察」では，**『警察白書』『犯罪白書』『交通安全白書』**から，必要なデータなどを集めている。

第12章「社会問題」では，**『防災白書』『消費者白書』『男女共同参画白書』**などをチェックしている。

このほか，関連する府省庁のホームページ等を参照している。

▶まず白書の統計をフォロー

「時事」というと最新の情勢についての知識だと思われがちだが，そうとは限らない。公務員試験の場合，基本は白書が取り上げている動向であり，白書に書かれている統計数値だ。

2024年度（令和6年度）の試験ならば，出題のもととなる白書は2023年に出た白書。そこに書かれている統計は2022年か2021年のものとなる。つまり，時事対策としては，少し前の動向を理解することから始めなければならないのだ。

とはいえ，1年半もたてば事情は変わる。そこで本書は必要に応じて2023年の統計を補っている。よく最新の統計を「あしもと」というが，本書はこの足元まで押さえているのが特長だ。

特に，日本経済のGDP関連統計については，2023年12月の内閣府の公表資料に基づいた数値を載せてある。8月に発表された『経済財政白書』の数値とは異なるので注意してほしい。

　ちなみに，経済統計の数値は変わる。経済統計には速報値，改訂値，確定値などの種類があって，数値がどんどん変わっていくのだ。したがって，数値は出題されるが，丸暗記する意味はない。統計問題の対策では，まず数値を大まかにつかみ，あとは変化の方向に注意するように心がけてほしい。

　なお，統計数値には「暦年」のものと「年度」のものがある。どちらを使用するかは，白書の記述や過去問の傾向に従った。財政（第5章）では試験に合わせて年度の表示に元号も使用した。

　また，本文中の統計や法律の表記では通称も用いた。個人名についている肩書きは，当時のものである。

▶本書の構成
①★によるランクづけ
　本書で取り上げた各テーマの横には，出題可能性を表す★がつけられている。★★★は最重要の必修テーマ，★★は出題可能性が高い要注意テーマ，そして★は出る可能性を否定できないテーマである。

　テーマの下には，今年の注意点や重要度などを簡単に説明する1文が書かれている。ここで学習のモチベーションを高めて，本文を読み進めてほしい。

　なお，本文横の「注スペース」には補足情報だけでなく，関連事項をコラムの形で入れている。本文の理解を助けるための情報コーナーだ。
②「出る文」と「出る文チェック」
　本書は公務員試験の時事対策用の「要点整理本」である。それでも，本文にはかなり詳しい内容まで書かれている。難易度の高い出題にも，十分に対応できるようにするためだ。

　内容を充実させると，どこが問われやすいのかがはっきりしなくなる。そこで，各テーマの最後に「出る文」をつけた。本文のポイントを公務員試験の正解の選択肢の形で，覚えやすくしたものだ。

　自分があまり勉強したことがない分野だと，どうしても知識が頭に残らない。そういったときは，この「出る文」だけでも繰り返し読んでほしい。

　また，各章末には「出る文チェック」をつけた。穴埋めに挑戦しながら，出る文の内容を復習しよう。

令和6年度公務員試験
出題予想時事テーマベスト10

第1位	**こども未来戦略**
	こどもまんなか時代が到来。私はどうせ，すみっコぐらし！ → p.92

第2位	**民法（親子法制）**
	嫡出推定？　DNA鑑定で解決！じゃない？　それな！ → p.144

第3位	**育児・介護休業**
	育休は政府推しの子育て政策。こどもは究極のアイドル？ → p.109

第4位	**デジタル田園都市国家構想**
	マイナちゃんはウサギの妖精で目と耳が1。なぁぜ なぁぜ？ → p.14

第5位	**広島サミット**
	2023年の最重要国際会議。ロシアと中国はNGリスト！ → p.28

第6位	**ICT教育**
	宿題の友は生成AI。あいつに勝てるの体育だけ！ → p.120

第7位	**資産所得倍増**
	官民あげて投資を促進。「増資産メガネ」と呼ばれたい！ → p.53

第8位	**気候変動**
	地球はもう沸騰間近。公務員試験の出題でも沸き上がる！ → p.130

第9位	**物価**
	デフレ完全脱却を視野にアレ対策。「インフレ」は禁句なの？ → p.46

第10位	**医療**
	全世代対応型に移行。制度への信頼は蛙化させたくない！ → p.94

次点
一般会計当初予算 （防衛費の公共事業費超えに別班も歓喜！）
中国経済 （2022年は大きく減速。若年失業率は約18％！）
消費者行政 （ICT関連。ネット広告の不当表示を直罰化！）

・・・ 岸田首相は「異次元の少子化対策」を表明。「こども」は今年の出題の1つの軸だ。未来戦略の内容に，こども基本法とこども家庭庁（p.90）を加えれば，5択はすぐ完成。12月のこども大綱も本書で学び，泣かない子になろう！

・・・ 法律の時事でも「こども」がらみの民法改正に要注意。嫡出推定の見直しだけでなく，こどもに対する親権者の懲戒権の削除なども選択肢に登場する。しつけを口実にした児童虐待は当然禁止。たたいていいのは太鼓とカツオ！

・・・ 「こども」関連では育休にも注意が必要。男性の取得率は過去最高だったが，政府は目標を新たにし，さらに上を目指す。「産後パパ育休」も制度化。ちなみに公務員は率先垂範。男性では「2025年に85%が1週間以上取得」が目標！

・・・ 今年の出題のもう1つの軸は「情報」。政府はマイナンバーカードの普及に必死だし，地方の活性化策も今やICT抜きには語れない。論述・面接でも行政のDXは当然の話題。ちなみに目や耳が「1」なのは「1人に1つ」だからだって！

・・・ G7に招待国なども合わせ，計24人の首脳が集合。ウクライナ大統領もサプライズ参加した。首相の選挙区で「核軍縮に関するG7首脳広島ビジョン」などを採択。生成AI規制も岸田外交（p.16）もからめられる。誇れる成果は出て当然！

・・・ コロナ禍で教育のオンライン化が進展。GIGAスクール時代に突入した。すると今度は生成AIが教育現場の悩みのタネに。文科省の考え方を理解したら，教育振興基本計画（p.117）の用語をリカレント。いやここは「復習」でよかった。

・・・ 政府は2024年からNISAを拡充。投資の経験者と金額を倍増させ，個人の金融資産を貯蓄から投資にシフトさせる方針だ。「新しい資本主義」関連では，人への投資（p.52）やスタートアップ育成（p.54）も学んで，自分に投資！

・・・ 2023年12月のCOP28は化石燃料からの脱却加速で合意。大きな一歩なのだが，日本政府の姿勢や試験時期を考えると，出題のメインは地方試験になる。国家試験ならむしろGX（p.136）や生物多様性（p.138）に注目したい！

・・・ 消費者物価指数も国内企業物価指数も約40年ぶりの高水準を記録。政府は「物価高から国民生活を守る」としながらも，現状を「インフレ」とは認めない。物価の動向を理解したら，次は経済対策（p.55）。勉強でアレを目指せ！

・・・ 厚生分野では2024年4月に施行される法律が目白押し。改正健康保険法等のほか，改正感染症法（p.96），孤独・孤立対策推進法（p.98），改正障害者差別解消法（p.99）などが出題適期。注意すべきは制度が複雑な医療保険制度！

令和6年度試験完全対応 公務員試験 速攻の時事 目次

第1章　日本政治

第2章　国際政治

第3章　日本経済

第4章　経済政策

第9章　文部科学

第10章　環境

第11章　司法警察

第12章　社会問題

第1章

日本政治

新しい資本主義

出題可能性 ★ ★

岸田内閣の政策スローガン。官民連携に向け，PPP／PFIも推進！

1 日本政治

◇グランドデザイン及び実行計画

資本主義は自由放任主義に始まり，福祉国家化（国家介入の是認）と新自由主義化（市場競争重視）という2回の転換を経験。ところが，新自由主義は成長とともに格差などの弊害をもたらし，さらなる転換が必要になった。これが「新しい資本主義」のねらいだ❶。

2022年，政府は**新しい資本主義のグランドデザイン及び実行計画**を閣議決定。人への投資と分配，科学技術・イノベーション，スタートアップとオープンイノベーション，GX・DXの4分野を重点投資対象と定めた❷。

◇PPP／PFI

新しい資本主義の特徴を一言でいうと「**市場も国家も**」。資本主義は歴史上「市場か国か」の選択をめぐって揺れ動いてきたが，「新しい資本主義」では**新たな官民連携で成長と分配の好循環**を図るのだという。

政府が「新たな官民連携の柱」と位置づけているのは**PPP／PFI**。PPP（Public Private Partnership）とは官民が連携して公共サービスを提供することで，その代表的手法が民間の資金やノウハウを活用して公共施設などの整備や運営を行う**PFI**（Private Finance Initiative）だ。

2022年，政府は**PPP／PFI推進アクションプラン**を改定❸。10年間の事業規模目標を30兆円に設定し，多様なPPP／PFIを展開するとした❹。

❶「新しい資本主義」では，短期的収益ではなく社会的価値を重視。社会面・環境面の影響も考えて活動する「マルチステークホルダー型企業社会」への転換も図る。

❷2023年に改訂。4分野の具体策については関連ページを参照。

❸2022年にはPFI法も改正。PFI事業の対象施設等を拡大し，事業運営中の施設の改修などを柔軟に実施できるようにした。

❹当初5年間を重点実行期間とし，支援を強化してPPP／PFIが自律的に実施される基盤をつくる。

出る文

➡ 2022年，岸田内閣は新たな官民連携の推進を掲げ，「新しい資本主義のグランドデザイン及び実行計画」を決定した。

➡ 政府は，PPP／PFIを「新しい資本主義」における「新たな官民連携の柱」と位置づけている。

国土形成

2023年，政府は新たな国土形成計画を策定。海岸を埋め立てる話じゃないよね！

◇国土形成計画

2023年7月，政府は**国土形成計画（全国計画）**の変更を閣議決定。目指す国土の姿を「**新時代に地域力をつなぐ国土**」と定めた。

東京一極集中は是正。人口や諸機能を国土全体に分散させ，相互の補完・連結を図る❶。また，広域都市から地域コミュニティまでの生活圏を重層的に連結❷。人口減少下で地域の持続性を高める。国土形成計画はこれを「**シームレスな拠点連結型国土**」と呼ぶ。

重要テーマの1つは，デジタルとリアルが融合した地域生活圏の形成。日常生活に不可欠なサービスを遠隔で維持できれば，リアルな生活圏の人口を10万人と想定した地域づくりが可能になると指摘した。

◇交通政策基本計画

2021年，政府は**第2次交通政策基本計画**を閣議決定。2025年までの5年間で「次世代型の交通システム」への転換を図るとした。

基本方針に掲げたのは，「生活に必要不可欠な交通の維持・確保」「高機能で生産性の高い交通ネットワーク・システムへの強化」「持続可能でグリーンな交通の実現」の3つ。具体策には，地域公共交通の維持のほか，MaaS（Mobility as a Service）やバリアフリー化の推進などが盛り込まれた❸。

❶具体的には，中枢中核都市を核とした広域圏の自立的発展，日本海側・太平洋側の二面活用による「全国的な回廊ネットワーク」の形成，三大都市圏（東京圏，大阪圏，名古屋圏）を結ぶ「日本中央回廊」による地方活性化と国際競争力の強化。

❷小さな拠点を核とした集落生活圏の形成や市町村の枠を越えた新発想の地域生活圏の形成を促す。

❸MaaSは，あらゆる公共交通機関をITで結び，目的地までのルート検索や移動手段の予約・決済などを一括して行うサービス。

1

日本政治

出る文

➡ 2023年の国土形成計画は「新時代に地域力をつなぐ国土」を目指すとした。

➡ 2021年の交通政策基本計画は，地域公共交通の維持，MaaSの実装，バリアフリー化の推進などを盛り込んだ。

デジタル田園都市国家構想

出題可能性 ★ ★ ★

デジタル田園, 略して「デジデン」。地方公務員志望者は「Digi田甲子園」のサイトもチェック!

◆基本方針

　2022年, 政府はデジタル田園都市国家構想基本方針を閣議決定。デジタル技術を用いて地方の社会課題を解決し,「全国どこでも誰もが便利で快適に暮らせる社会」を実現するとした。

　基本方針は重要業績評価指標（KPI）として, 2024年末までに1000自治体がデジタル実装に取り組むと明記❶。地方の社会課題の解決や魅力の向上を図る❷。

　そのほか, 2024年度末までに1000自治体にサテライトオフィス等を設置。「転職なき移住」を推進し, 地方への人の流れを促す。

　構想実現にはインフラの整備も不可欠。基本方針には光ファイバの世帯カバー率や5Gの人口カバー率についての数値目標が掲げられた❸。さらに, 全国各地に十数か所の地方データセンター拠点を整備。日本を周回する海底ケーブル＝デジタル田園都市スーパーハイウェイも2025年度末までに完成させる。

　デジタルインフラではマイナンバーカードの普及も推進❹。そのうえで, マイナンバーカードが持つ本人確認機能を徹底的に利活用するとした。

　構想実現に向けたデジタル人材の育成・確保については, 230万人のデジタル推進人材の育成を宣言。専門的なデジタル知識を持ち, デジタル実装による地域の課題解決を牽引（けんいん）する人材を増やす。

　加えて, デジタル人材地域還流戦略パッケージを通じ, デジタル人材の地域への還流を促進。自治体や地域企業への人材マッチングを支援する。

　誰一人取り残されないための施策では, 2022年度に2万人以上でデジタル推進委員の取組みをスタート。全国津々浦々に展開し, デジタル機器やサービスに不慣れな高齢者等に利用方法などを教える。

　政府はデジタルを活用した地域活性化を促すため, デジタル田園都市国家構想の表彰制度＝Digi田（デジデン）甲子園を

❶さらに2027年度までに1500団体にする。

❷地域づくり・まちづくりを推進する経営人材を国内100地域に展開する。

❸光ファイバは2027年度末までに99.9%が目標。5Gは2023年度末に95%, 2025年度末までに97%, 2030年度末までに99%が目標。

❹マイナンバーカードの保有率は2023年12月末時点で73.0%。

✎ **デジタル庁**

　2021年発足。デジタル改革, 規制改革, 行政改革を一体的に推進。他省庁に是正を勧告する権限が認められている。デジタル社会に合わない約5000の「アナログ規制」を2022年からの3年間で見直す。

創設。自治体だけでなく，企業や団体も参加して，アイデアを競っている。

◆総合戦略

　2022年，政府は「基本方針」に沿って，地方活性化に向けた各府省の施策を取りまとめた「**デジタル田園都市国家構想総合戦略**」を策定❺。2023年度からの5年間に実施する。

　社会的課題の解決では，①地方に仕事をつくる，②地方への人の流れをつくる，③結婚・出産・子育ての希望をかなえる，④魅力的な地域をつくる，の4分野を重視。これまでの取組みを加速する。

　①では，キャッシュレス決済やスマート農業の普及などを促進。②では，「**オンライン関係人口**」の拡大や地方大学の魅力向上などを図る❻。

　③の結婚・出産・子育てについては，デジタル技術を活用した「こどもDX」を提唱。④の地域の魅力づくりでは，教育や医療におけるDX促進や地域コミュニティ機能の強化などを盛り込んだ。

　地方自治体には，地域の個性や魅力を生かした「**地域ビジョン**」の再構築を要請。政府はモデル地域の選定について数値目標を設定して後押しする。たとえば，効率的で持続可能な地域づくりをICTで実現する「スマートシティ」は2025年度までに100地域。「『デジ活』中山間地域」は150地域といった具合だ。

❺これまでの「まち・ひと・しごと創生総合戦略」を抜本的に改訂。

❻「関係人口」は第2期まち・ひと・しごと創生総合戦略から使われるようになった概念。地方への人口移動が思うように進まないなか，本格的な移住とも一時的な交流とも違う形で特定地域に継続的にかかわる人々をさす。

🖊 **DX（デジタルトランスフォーメーション）**

デジタル技術を活用して，ビジネスモデル，組織，働き方などを変革（トランスフォーム）すること。

出る文

➡ 2022年，デジタル技術を用いて地方の社会課題を解決するとした「デジタル田園都市国家構想基本方針」が閣議決定された。

➡ デジタル田園都市国家構想基本方針は，2024年末までに1000自治体がデジタル実装に取り組むとの数値目標を掲げた。

➡ デジタル田園都市国家構想基本方針は，230万人の「デジタル推進人材」を育成するとした。

➡ 2022年，政府は2023年度からの5年間に実施する具体策を「デジタル田園都市国家構想総合戦略」に取りまとめた。

岸田外交

岸田首相は外交でも新しい指針を表明。理想と現実の両立を図る！

1 日本政治

◇新時代リアリズム外交

　岸田首相の外交理念は**新時代リアリズム外交**。2022年に国会での施政方針演説で表明された。

　普遍的価値の重視，地球規模課題の解決，国民の命と暮らしを断固として守り抜く，が3本柱。未来に向けた理想を掲げながらも，したたかで現実的な外交を進めていくのだという。

　2022年には，シンガポールで開かれたアジア安全保障会議の基調講演で，**平和のための岸田ビジョン**を発表。5本柱として，①「自由で開かれたインド太平洋」構想の新展開（後述），②安全保障での連携強化，③「核兵器のない世界」に向けた現実的な取組，④国連の機能強化，⑤経済安全保障での国際連携を挙げた。

　同年には，日本の首相として初めて**核兵器不拡散条約（NPT）運用検討会議**に出席。「核兵器のない世界」という理想と「厳しい安全保障環境」という現実を結びつけるためのロードマップの必要性を強調した。岸田首相はその第一歩として**ヒロシマ・アクション・プラン**を提唱。①核兵器不使用の共有，②透明性の向上，③核兵器数の減少，④核兵器の不拡散と原子力の平和的利用，⑤各国指導者等の被爆地訪問の促進，の5つの行動を促すべきだと述べた❶。

　2023年3月，岸田首相はインドで，**自由で開かれたインド太平洋（FOIP）の新たなプラン**を発表❷。国際情勢が激変するなかでFOIPのビジョンの重要性が増していることから，外交的取組みを強化するとした。

　柱は，①平和の原則と繁栄のルール（弱者が力でねじ伏せられない国際社会づくり），②インド太平洋流の課題対処（気候・環境，国際保健，サイバー空間などでの協力拡大），③多層的な連結性（国の連結，人の連結，知の連結の推進），④「海」から「空」へ拡がる安全保障・安全利用の取組（海上法執行や空域状況把握の能力向上）の4つ。その下に51項目のプランを列挙した。

❶同年の国連総会では岸田首相が共同議長となって「包括的核実験禁止条約（CTBT）フレンズ会合」が初めて首脳級で開催。また政府は同年，初の「核兵器のない世界に向けた国際賢人会議」を広島で開催した。

❷岸田首相は，インド太平洋地域のインフラ支援として，2030年までに官民で750億ドル（約9兆8000億円）以上を投入することも発表した。

🖊 アフリカ開発会議

　アフリカ開発に関する首脳級会議。日本が主導し，3年ごとに日本かアフリカで開かれている。チュニジアで開催された2022年の第8回会議（TICAD8）で，日本は3年間で総額300億ドル規模の資金投入を約束した。グリーン投資や人への投資などに充てられる。

◇外交青書

2023年の『外交青書』は，情勢認識で「**グローバル・サウス**」と呼ばれる新興国・途上国の存在感の高まりを初めて指摘。価値観や利害の相違を乗り越え，できるだけ多くの新興国・途上国と連携していくことが重要だと述べた。

地球規模の秩序づくりを意味する「**グローバル・ガバナンス**」については，ロシアが安全保障理事会の常任理事国を務める国際連合が「試練の時にある」点を憂慮。逆に，**G7（主要7か国グループ）** の枠組みの「重要性が再評価されている」とした❸。

中国の対外姿勢や軍事動向については，「これまでにない最大の戦略的な挑戦」と表現。日本の総合的な国力と同盟国・同志国との連携により対応しなければならないとした。

日韓関係については，2022年に韓国の外相（外交部長官）が二国間訪問としては4年7か月ぶりに訪日したことや，日韓首脳会談が3年ぶりに行われたことに言及。関係改善の方向にあることを踏まえ，「懸案を解決して日韓関係を健全な関係に戻し，さらに発展させていく」と前向きな姿勢を示した❹。

ロシアとは政府間の交流がストップ。関係は冷え切っている❺。『外交青書』は，北方領土について，「日本固有の領土であるが，**現在はロシアに不法占拠されている**」と2年連続で明記❻。「今この時点で平和条約交渉の展望について述べる状況にない」とした。

❸G7の広島サミットについてはp.28。

❹2023年3月，韓国政府は「徴用工問題」について，韓国の財団が原告への支払いを肩代わりする解決策を提示。両国関係は改善した。

その後，日韓首脳は5年ぶりに，相互に相手国を訪問する「シャトル外交」を再開。2023年3月に韓国の尹大統領が来日し，5月には岸田首相が訪韓した。

❺ロシアは，墓参などを目的とした「四島交流」も停止。

❻日露平和条約の交渉中はこうした表現を封印してきた。

出る文

➡ 岸田首相は，理想を掲げながらも，したたかで現実的な外交を進める「新時代リアリズム外交」を掲げている。

➡ 岸田首相は，2022年の核不拡散条約の会議で，核軍縮に向けたヒロシマ・アクション・プランを提唱した。

➡ 2023年，岸田首相は国際情勢の変化を踏まえ，「自由で開かれたインド太平洋の新たなプラン」を発表した。

➡ 2023年の『外交青書』は，「グローバル・サウス」と呼ばれる新興国・途上国との連携の重要性を指摘した。

1

日本政治

日本のウクライナ支援

出題可能性 ★ ★

2023年の『外交青書』が特集。「日本ならでは」の支援に注目！

2022年2月に始まったロシアのウクライナ侵略について，日本政府は**国際秩序の根幹を脅かす暴挙**として強く非難❶。日本にとっても「対岸の火事ではない」として，厳しい対ロシア制裁と強力なウクライナ支援に取り組んできた❷。

◇対ロシア制裁

日本政府は，G7をはじめとする国際社会と連携し，**ロシアに対する制裁措置**を次々と発表。プーチン大統領をはじめとするロシアの政府関係者，軍関係者，財閥関係者，金融機関などに対する資産の凍結，ロシアの主要銀行との取引の制限，ロシアへの新規投資の禁止などを決定した❸。

貿易措置では，まず最恵国待遇を撤回。贅沢品，半導体などの汎用品，産業基盤強化に役立つ物品などのロシアへの輸出を禁止した。ロシア産品の輸入も一部を禁止。木材や金のほか，ウォッカも対象だ。

◇ウクライナへの人道支援

ロシアのウクライナ侵略直後から，日本は**ウクライナと避難民が向かった周辺国に対する支援**に着手。「現地のニーズを的確に把握しながらウクライナの人々に寄り添った支援を迅速に実施する」ことを掲げ，財政，人道，防衛装備品などの支援に努めてきた❹。

日本は他国に先駆けて**緊急人道支援**を実施。国際機関やNGOを通じて，保健・医療，食料など，緊急性の高い支援を実施した。国外に逃れたウクライナの女性や子どもたちには，一時避難施設を提供。避難民の安全を考え，避難経路上の地雷を処理したり，政府が備蓄していた毛布やビニールシートをUNHCR（国連難民高等弁務官事務所）経由で届けたりした。

政府は国際平和協力法に基づき，**ウクライナ被災民救援国際平和協力業務実施計画**を閣議決定。自衛隊の輸送

❶ロシアによるウクライナ侵略については，p. 30参照。

❷岸田首相は2022年，NATO（北大西洋条約機構）の首脳会合に日本の首脳として初参加。2023年の会合にも出席した。会合では「ウクライナは明日の東アジアかもしれない」と発言。連携強化を図っていくとした。

❸ロシアと同盟関係にあるベラルーシに対しても類似の制裁措置が発動されている。

❹財政支援では，ウクライナの資金需要に対応するため，有償の資金協力や債務救済措置を実施。世界銀行などを通じた財政支援も行っている。

機を派遣して，UNHCRが行う人道物資のウクライナ周辺国への輸送を支援した。

2022年の秋以降，ロシアはウクライナの発電施設などを集中的に攻撃し破壊。日本政府は，停電により暖房設備や照明器具を使えない人たちに向け，UNHCRを通じて発電機やソーラー・ランタンを届ける「**越冬支援**」を実施した❺。

避難民については日本国内での受入れも支援❻。ポーランドから日本への渡航希望者については，直行便の座席を借り上げて対応するなどの支援を行った。

◆装備品供与と復興支援

欧米各国がウクライナに武器を提供するなか，日本は防衛装備移転3原則の枠内で**非殺傷性の物資を提供**。防弾チョッキ，ヘルメット，防寒服といった装備品や，情報収集用のドローンなどをウクライナに送った。さらに2023年5月の広島サミットの際の首脳会談後，日本はトラックなどの自衛隊車両約100台を提供した❼。

2023年6月，ロンドンで初の「ウクライナ復興会議」が開催❽。震災復興のノウハウを持つ日本は，**柔軟で大胆な「日本ならでは」の復興支援**を掲げ，ウクライナの復旧・復興を積極的に後押しするとした。

日本政府は2024年2月に東京で日ウクライナ経済復興推進会議を開催する予定。民間企業も参加し，オールジャパンで支援を強化するとしている。

❺国会議員有志や経団連などの呼びかけで「ウクライナの人々に発電機を送る越冬支援イニシアティブJAPAN」が立ち上がり，数百台の発電機が届けられた。

❻出入国管理庁によるとウクライナ避難民の受入れ数は2022年3月からの1年半で約2500人。

❼自衛隊員が訓練や災害派遣の際などに食べる非常用糧食（ビーフシチュー）約3万食も提供。

❽60以上の国，30以上の国際機関，400以上の民間企業などが参加。

出る文

➡ ロシアのウクライナ侵略を受け，日本は国際社会と連携し，ロシアに対する制裁措置を実施している。

➡ 日本は国際平和協力法に基づき「ウクライナ被災民救援国際平和協力業務実施計画」を決定し，人道物資の輸送支援を行った。

➡ 日本は防衛装備移転3原則の枠内で，防弾チョッキや自衛隊車両などの非殺傷性物資をウクライナに提供した。

➡ 2023年6月の「ウクライナ復興会議」で，日本は震災復興のノウハウを生かした「日本ならでは」の復興支援を行うと表明した。

安全保障関連３文書

2022年，政府は「反撃能力」の保有方針を閣議決定。対策強化で難問にも反撃！

2022年，政府は新しい**安全保障関連３文書**を閣議決定。10年程度の期間を念頭に，**防衛力を抜本的に強化する方針**が示された。

◆国家安全保障戦略

国家安全保障戦略は，日本の国家安全保障に関する最上位の政策文書。総合的に防衛政策の指針を示す**❶**。

周辺国の軍事動向については「**戦後最も厳しく複雑な安全保障環境に直面している**」との認識を表明。警戒感をあらわにした。

特に，ミサイル発射を繰り返す北朝鮮については「**差し迫った脅威**」と表現。中国についても，力による一方的な現状変更の試みを強化しているとして，日本の平和と安定に対する「**これまでにない最大の戦略的な挑戦**」になっていると述べた。また，軍事力に訴えることを辞さないロシアについても「**強い懸念**」を表明。中国とロシアの軍事連携にも注意が必要だとした。

厳しい安全保障環境に対応するためには，防衛力の抜本的な強化が不可欠。国家安全保障戦略は，敵のミサイル基地等を攻撃できる「**反撃能力**」の保有を**初めて明記**した。「反撃能力」とは，敵のミサイル攻撃を防ぐのにやむをえない必要最小限度の自衛の措置として，**相手の領域において有効な反撃を加えること**。相手に攻撃を思いとどまらせる抑止力にもなる**❷**。

また，国家安全保障戦略は，取組みを強化する領域として**サイバー分野や宇宙分野**などを列挙。軍事と非軍事が不明確な「ハイブリッド戦」や，有事と平時の境目が曖昧な「グレーゾーン事態」を念頭に置いて，対応能力の向上を図る。

◆国家防衛戦略

国家防衛戦略は，日本の防衛の目標を設定し，それを達成するための手段を示した文書。防衛体制の強化方針

❶新戦略は専守防衛や非核三原則の堅持を確認。また，日米同盟を基軸と位置づけ，併せて同志国との連携や多国間協力も重視するとした。

🖊 日豪共同宣言

2022年,日豪首脳は，緊急事態に相互協議で対応を検討することなどを盛り込んだ「安全保障協力に関する新たな日豪共同宣言」に署名。

🖊 OSA

安全保障能力強化支援。同志国の安全保障上のニーズに応え，資機材等の提供やインフラの整備等を行う新たな無償資金協力の枠組み。政府開発援助（ODA）とは別扱いで実施される。2022年の国家安全保障政策に盛り込まれ，2023年４月に実施方針が決定された。

❷政府は反撃能力について，専守防衛の考え方を変更するものではなく，武力攻撃が発生していない段階で自ら先に攻撃する先制攻撃を許すものではないとしている。

日本政治

1

や同盟国・同志国との協力方針を取りまとめている。

重視する機能・能力の第一に挙げられたのは，**スタンド・オフ防衛能力**。敵の射程圏外から「離れて」敵の攻撃を阻止・排除する能力のことで，反撃能力の行使でも有力な手段となる。併せて，**統合防空ミサイル防衛力**も強化。警戒管制レーダーや地対空誘導弾の能力向上を進める。このほか，**無人アセット（装備）**も積極的に導入。情報収集・警戒監視だけでなく，戦闘支援など幅広い任務で活用する。

◇**防衛力整備計画**

防衛力整備計画は，保有すべき防衛力の水準を示した文書。5年間にかかる経費や必要となる装備の数量などを記載する。

反撃能力の手段となるスタンド・オフ・ミサイルについては，アメリカから巡航ミサイル「トマホーク」を購入。ミサイル防衛では，「極超音速滑空兵器」への対応を念頭に，対空誘導弾「ペトリオット・システム」の迎撃能力向上や，弾道ミサイル防衛に当たる「イージス・システム搭載艦」の配備を進める。

計画実施に必要となる防衛費の総額は，**2023年からの5年間でおよそ43兆円**。岸田首相は2027年度をめどに，防衛費をGDPの2％まで増額するとしている。

2023年6月には**防衛力財源確保特別措置法**が成立・施行。国有財産の売却などで得られた税外収入等を「防衛力強化資金」として利用できることとなった**❸**。

海洋基本計画

2023年4月に第4期計画を決定。海洋の安全保障と持続可能な海洋の構築に向け，多様な施策を盛り込む。

防衛生産基盤強化法

2023年6月成立,10月施行。装備品等の安定的な生産に向けた防衛産業の基盤強化が目的。また，任務に不可欠な装備品については，防衛省がサプライチェーンリスクを直接把握する。

❸防衛力の財源確保については，一部を増税でまかなうことが検討されている。

出る文

➡ 2022年の国家安全保障戦略は，日本が「戦後最も厳しく複雑な安全保障環境に直面している」との認識を表明した。

➡ 2022年の国家安全保障戦略は，敵のミサイル基地等を攻撃できる「反撃能力」の保有を初めて明記した。

➡ 2022年の国家防衛戦略は，重視する能力の1つとして，敵の射程圏外から離れて反撃するスタンド・オフ防衛能力を挙げた。

➡ 2022年の防衛力整備計画は，計画実施に必要となる防衛費の総額を2023年からの5年間でおよそ43兆円と算定した。

政府開発援助（ODA）

開発協力大綱が2023年にバージョンアップ。中国を意識した内容に注目！

◇開発協力大綱

政府開発援助（ODA）は，政府機関が開発途上国に対して行う贈与や貸付。効果的・戦略的に活用すれば，平和で繁栄した国際社会の形成に貢献でき，ひいては日本の国益にもつながる。政府はODAを「外交の最重要ツールの1つ」と位置づけている。

2023年6月，政府は8年ぶりに新たな開発協力大綱を閣議決定❶。国際社会が複合的な危機にさらされるなか，多様なアクターとの連携強化や新たな資金動員に向けた取組みが必要になったためだ。世界の援助動向については「新興ドナーによる債務持続可能性を軽視した借款」を問題視❷。透明で公正な開発協力で，これに対抗するねらいもある。

新しい開発協力大綱が掲げた基本方針は4つ。キーワードは「非軍事的協力」「人間の安全保障」「共創」「国際的なルールの普及・実践」だ。

このうち「人間の安全保障」は，戦争だけでなく貧困や絶望からも免れ，個人が尊厳を持って生きられる社会を求める考え方。新大綱では個人の保護と能力強化に加え，多様な主体との連帯を重視する姿勢を打ち出した。「共創」では，途上国を対等なパートナーとする点を強調。対話と協働で社会的価値をともに創出するとした。「国際的なルールの普及・実践」では，経済的威圧のない協力を重視。中国の援助姿勢への対抗をにおわせた。

政策で重視されるのは，脆弱層（ぜいじゃくそう）の包摂，持続可能性，経済の強靭性を念頭に置いた「質の高い成長」。食料・エネルギー安全保障などの課題にも協力して対処する。

実施面では「3つの進化したアプローチ」を採用。①民間企業やNGOなどとの連帯強化による資金源や活動の拡大，②相手国の要請を待たず，日本の強みを活かした協力メニューを提案するオファー型協力，③柔軟かつ効率的で時代のニーズに合わせた迅速な協力の3つだ❸。

❶政府は経済的な「開発援助」に加え，平和構築やガバナンス，基本的人権の推進，人道支援などを含めた途上国支援を「開発協力」と呼んでいる。

❷中国による「債務のわな（相手国を借金漬けにして要求を飲ませるような援助）」が念頭にある。

❸従来は相手国の要請を受けて行うことが重視されていた。

✎ 新型コロナ対策支援

日本はコロナ禍を人間の安全保障に直結する課題ととらえ，緊急無償資金協力や緊急支援円借款を積極的に実施。ワクチンについては現物供与のほか低温物流の設備も援助し，ワクチンを確実に接種会場に届ける「ラスト・ワン・マイル支援」にも力を入れた。

◇**ODA実績**

　2022年版『開発協力白書』によると，**2021年の日本のODA**は「贈与相当額計上方式」で約176億ドル（約1.9兆円）**❹**。前年比8.4%の増額で，世界ランクはアメリカ，ドイツに次ぐ第3位だった（前年は4位）。

　ODAの対国民総所得比（対GNI比）は0.34%で，5年連続の上昇**❺**。ODAの比較で重視される「OECD（経済協力開発機構）のDAC（開発援助委員会）での順位は29か国中の12位だった**❻**。

　国民1人当たりの負担額は140ドル。DACでの順位は17位だった。

　日本のODAは**8割ほど（77.8%）が二国間ODA**。2割ほど（22.2%）が国際機関などへの多国間ODAだ。

　ちなみに，二国間ODAの**地域別内訳ではアジア向けが約6割**（59.1%）。これに，中東・北アフリカ向け（11.0%），アフリカ（サブサハラ＝サハラ砂漠以南）向け（9.5%）が続く。

　そのほか，日本のODAの特徴としてよく指摘されるのが，**有償資金協力**（「円借款」など）の多さ。DAC諸国の平均では有償資金協力は約14%だが，日本では約55%にもなっている。

　これについて日本政府は，途上国が自身の事業として取り組むことが「自助努力」の意識を高めるうえで重要だと説明。自らが借りたお金で国の発展を目指すほうが事業に一生懸命に取り組み，長期的に見て有用性が認められるとしている。

❹2023年3月発行。

❺国際目標は「GNI比0.7%」。政府は今後もODAの拡充を図るとしている（「骨太の方針2023」）。

❻2016年は20位，2017年は19位，2018年は16位，2019年と2020年は13位。

1

日本政治

　🖊 **2022年のODA実績**

　2023年4月，OECDは2022年のODA実績（暫定値）を発表。日本は約175億ドルで，前年比0.9%減だが，世界第3位は変わらず。円ベースでは18.7%増だったので，減少は円安の影響だ。対GNI比は0.39%で，DAC内では15位だった。

出る文

➡ 2023年の開発協力大綱は，中国の援助手法を意識し，国際的なルールに基づく経済的威圧のない協力を強調した。

➡ 2023年の開発協力大綱は，日本の強みを活かした協力メニューを積極的に提案する「オファー型協力」を行うとした。

➡ 2021年の日本のODAは，贈与相当額計上方式で約176億ドルにのぼり，日本は世界第3位の援助大国に位置づけられた。

➡ 2021年の日本の二国間ODAを地域別に見ると，アジア向け，中東・北アフリカ向け，アフリカ（サブサハラ）向けの順に多かった。

国政選挙

出題可能性 ★ ★ ★

次回の総選挙は新たな区割りで実施。定数是正と最高裁判決をセットで学習！

◇選挙結果

2021年，岸田首相は衆議院を解散。**総選挙が4年ぶりに実施された**。結果は与党（自民党・公明党）の辛勝。自民党は議席を減らしながらも**絶対安定多数を確保**し，公明党は議席を増やした❶。一方，立憲民主党と共産党は議席減。野党共闘に加わらなかった日本維新の会は大きく躍進した❷。

2022年の参院選でも与党は勝利。改選議席の過半数を獲得した❸。野党では立憲民主党，共産党，国民民主党がやはり議席減。日本維新の会とれいわ新選組が議席を増やし，参政党は初議席を得た。

既存政党で改憲に前向きなのは，自民・公明・維新・国民の4党。現在その議席数は，衆議院でも参議院でも改憲の発議に必要な3分の2を超えている。

◇衆議院の選挙制度

2016年の定数是正（改正公職選挙法等）で，都道府県への小選挙区数の配分方式が刷新。国勢調査を用いて10年ごとに見直すルールを導入した。

計算方法には，アダムズ米元大統領が考案した**アダムズ方式を採用**。議員1人当たりの人口（全人口÷議員定数）を「基準値」として各都道府県の人口を割り，小数点以下を切り上げて配分議員数を出す。切り上げにより，どの都道府県も最低1議席が割り当てられるのが特徴だ❹。

2020年の国勢調査の結果をもとに発表されたのは**都道府県の小選挙区数の10増10減**❺。これに伴い140の選挙区が変更された。改正公職選挙法（区割り法）は2022年に成立。次回総選挙から実地される。

◇参議院の選挙制度

2018年，**参議院の議員定数の「6増」を定めた改正公職選挙法が成立**。議員定数は248に増やされることに

❶絶対安定多数とは，衆議院の全常任委員会に委員長を出し，なおかつ委員会の過半数の委員を得られるだけの議員数。

❷投票率は戦後3番目に低い55.93％（前回比2.25ポイント増）。期日前投票の利用者は全有権者の19.49％だった。

❸投票率は52.05％（前回比3.25ポイント増）。期日前投票利用者は18.60％だった。

❹もしこの計算で議員数が定数を超えたら，議員定数に合うように基準値を上げて再計算し，調整する。

たとえば10議席をABC3県（人口は250,180,70で計500）に配分するとする。基準値50（500割る10）ではA＝5，B＝4，C＝2の計11議席になる。基準値を60にすると，5，3，2の配分となり，目指す10議席となる。

❺比例代表でも3増3減が実施される。

なった❻。

この改正では，個人を選べるのが利点の「非拘束名簿式の比例代表」に「特定枠」を導入。政党が決めた一部の候補者について，選挙運動なしで優先的に当選できる仕組みを設けた❼。

◇1票の格差

2021年の総選挙の1票の格差（議員1人当たりの有権者数の地域格差）は**最大2.08倍**。これについて最高裁判所は2023年1月，「投票価値の平等に反する状態とはいえない」として，**合憲判決を出した**。

最高裁は2017年の総選挙についても合憲としたが，そのときの格差は1.98倍。2倍を上回る格差をどう判断するのか，注目されていた。

判決はアダムズ方式に基づく「新たな区割り制度の枠組みで是正が予定されている」点を評価。違憲との反対意見を述べた1人を除き，裁判官15人中14人が合憲と判断した。

一方，**2022年の参院選の1票の格差**（最大3.03倍）についても，最高裁は2023年10月，「投票価値が著しい不平等状態だったとは言えない」として**合憲と判決**❽。格差が3倍程度に縮小した2016年と2019年の参院選に関する判決を踏襲した。

ただし，判決で最高裁は国会に対し，格差のさらなる是正を要求。議論の停滞についても苦言を呈した。

❻定数の純増は本土復帰に向けて沖縄選挙区を設けた1970年以来。

❼特定枠候補者は，ポスター掲示や個人演説会などの選挙運動が禁止されている。

❽裁判官15人中，合憲は12人。2人が違憲状態，1人が違憲と判断。

🖊 国民審査法

最高裁は2022年，国民審査法が在外国民の最高裁裁判官の国民審査権を認めていないとして，違憲と判決。同年，国会でこれを認める改正法が成立した。

出る文

➡ 2022年の参院選の結果，憲法改正に前向きな政党が占める議席数は，衆議院でも参議院でも3分の2を超えた。

➡ アダムズ方式では議席配分の計算に切り上げを用いることから，全都道府県に最低1議席が配分される。

➡ 2022年の改正公職選挙法により，都道府県の小選挙区数の10増10減が決定し，次回総選挙から実地される。

➡ 最高裁は2023年10月，最大3.03倍となった2022年の参院選の1票の格差について，合憲との判決を下した。

日本政治の出る文穴埋めチェック

❶政府は，（　　　）を「新しい資本主義」における「新たな官民連携の柱」と位置づけている。　　　　　　　　　　　　　　　　　　　　　　　　　　　→p.12

❷2023年の（　　　）形成計画は「新時代に地域力をつなぐ（　　　）」を目指すとした。　　　　　　　　　　　　　　　　　　　　　　　　　　　　　　　　　→p.13

❸2022年，デジタル技術を用いて地方の社会課題を解決するとした「デジタル（　　　）構想基本方針」が閣議決定された。　　　　　　　　　　　　　　　→p.15

❹岸田首相は，理想を掲げながらも，したたかで現実的な外交を進める「（　　　）外交」を掲げている。　　　　　　　　　　　　　　　　　　　　　　　　　→p.17

❺2023年の『外交青書』は，「（　　　）」と呼ばれる新興国・途上国との連携の重要性を指摘した。　　　　　　　　　　　　　　　　　　　　　　　　　　　　→p.17

❻日本は（　　　）3原則の枠内で，防弾チョッキや自衛隊車両などの非殺傷性物資をウクライナに提供した。　　　　　　　　　　　　　　　　　　　　　　　→p.19

❼2022年の国家安全保障戦略は，敵のミサイル基地等を攻撃できる「（　　　）能力」の保有を初めて明記した。　　　　　　　　　　　　　　　　　　　　　→p.21

❽2023年の開発協力大綱は，日本の強みを活かした協力メニューを積極的に提案する「（　　　）型協力」を行うとした。　　　　　　　　　　　　　　　　→p.23

❾2021年の日本の（　　　）は，贈与相当額計上方式で約176億ドルにのぼり，日本は世界第3位の援助大国に位置づけられた。　　　　　　　　　　　　　→p.23

❿最高裁は2023年10月，最大3.03倍となった2022年の参院選の1票の格差について，（　　　）との判決を下した。　　　　　　　　　　　　　　　　　　　→p.25

解　答

❶**PPP／PFI**：官民連携での公共サービスの提供とその手法。

❷**国土**：具体的イメージは「シームレスな拠点連結型国土」。

❸**田園都市国家**：2024年末までに1000自治体のデジタル実装を図る。

❹**新時代リアリズム**：普遍的価値の重視，地球規模課題の解決，国民の命と暮らしを断固として守り抜く，が3本柱。

❺**グローバル・サウス**：新興国・途上国の存在感は高まっている。

❻**防衛装備移転**：欧米諸国と違って兵器の提供はしていない。

❼**反撃**：敵のミサイル攻撃を防ぐのにやむをえない必要最小限度の自衛の措置として，相手の領域において有効な反撃を加えること。

❽**オファー**：相手国の要請を受けて行う慣例を修正する。

❾**ODA**：「政府開発援助」でもOK。1位はアメリカ，2位はドイツ。

❿**合憲**：2016年と2019年の参院選に関する判決を踏襲した。

第2章

2

国際政治

広島サミット

厳重警備のなか，広島サミットが開催。岸田首相が成果を誇る以上，出題は既定路線！

◇G7サミット（主要国首脳会議）

2023年，日本は**G7（主要7か国グループ）の議長国❶**。5月には広島市で首脳会合が開催された❷。首脳たちは議長を務める岸田首相とともに平和記念資料館を訪問。被爆者の話を聞き，原爆死没者慰霊碑に献花した。

拡大会合も含めた参加国のうち，**米英仏印は核兵器保有国**。英仏印の現職首脳が広島市の平和記念資料館を訪れたのは初めてのことだ❸。

広島サミットに参加した首脳は，G7の9人（EU代表2人を含む）のほか，招待国首脳8人（インド，オーストラリア，ブラジル，韓国など）と国際機関の長7人（国連，国際通貨基金など）の計24人❹。加えて，ウクライナのゼレンスキー大統領も広島市にやって来て，首脳会合に対面で参加した。

なお，G7の枠組みでは，首脳会合のほか，**閣僚会合も開催**。2023年は外務，財務，保健，農業など15の閣僚会合が，日本各地で開かれた。

◇核軍縮とウクライナ支援

広島サミットは**核軍縮に関するG7首脳広島ビジョン**を発表。G7首脳は改めて「核兵器のない世界の実現」に向けたコミットメントを確認した。また，ロシアによる核兵器使用の威嚇を強く非難。北朝鮮とイランに対しては核兵器の開発放棄を求めた（p.39参照）❺。

一方，**ウクライナに関するG7首脳声明**では，ロシアが始めた「違法で，不当で，いわれのない侵略戦争」に対し，結束して制裁を続ける姿勢を再確認❻。必要とされる限り，ウクライナが求める財政的，人道的，軍事的，外交的な支援を提供し続けると約束した。

加えて，G7はロシアによって破壊された**ウクライナの重要インフラの修復等も支援**。復旧ニーズに向けた国際金融機関の取組みを支持するとした。

---

❶ G7を構成するのは，アメリカ，イギリス，イタリア，カナダ，ドイツ，日本，フランスとEU（欧州連合）。自由，民主主義，人権尊重，法の支配といった基本的価値を共有する。

❷ 東京以外での開催は2000年の九州・沖縄，2008年の北海道洞爺湖，2016年の伊勢志摩に次いで4回目。

❸ アメリカ大統領では，オバマ大統領が2016年の伊勢志摩サミットの際に広島を訪問。

❹ AU（アフリカ連合），ASEAN（東南アジア諸国連合），PIF（太平洋諸島フォーラム）といった地域機構の議長国首脳も招待され，グローバル・サウスと呼ばれる新興国・途上国との連携が図られた。

なお，2023年からAUはG20（金融・世界経済に関する20か国首脳会合）に正式メンバーとして参加。

◇経済，環境，AI

　広島サミットは3日間に9つのセッションをこなし，多様な問題を議論。AIガバナンスも議題に上がり，生成AIについては担当閣僚が検討する「**広島AIプロセス**」が創設された❼。

　経済については，コロナ禍とロシアのウクライナ侵略で，サプライチェーンの脆弱性があらわになったことを指摘。**経済の強靱性と経済安全保障の強化**に協調して当たるとした。

　また，中国を念頭に，経済的な依存関係を悪用し，禁輸などで他国に政治的影響を与えようとする「**経済的威圧**」への懸念を表明。G7は「経済的威圧に対する調整プラットフォーム」を立ち上げ，協調して対応強化を図ることで合意した。

　世界のエネルギー市場がロシアのウクライナ侵略の影響を受けるなか，G7は**地球温暖化対策における「我々の目標は揺るがない」**と強調。2050年までに温室効果ガスの排出を実質ゼロとするため，クリーン・エネルギーへの移行を含め，協働して経済の変革を進めるとした。

　世界の食料事情はロシアのウクライナ侵略で急速に悪化。ウクライナの穀物輸出をロシアが妨害しているためだ。この危機打開に向けて，広島サミットの拡大首脳会合は，**強靱なグローバル食料安全保障に関する広島行動声明**を発出。途上国への人道支援や開発支援を増やすことを約束した。

❺G7は「自由で開かれたインド太平洋」の重要性を再確認。東シナ海と南シナ海の状況について懸念を示し，力による一方的な現状変更に反対するとした。また，台湾海峡の平和と安定の重要性を指摘し，両岸問題の平和的解決を促すとした。

❻G7は2022年2月のロシアのウクライナ侵略後，たびたび緊急の外相会合や首脳会合を開催。ロシアへの経済制裁を実行してきた。

❼2023年12月，G7は広島AIプロセス閣僚会合で，生成AIの開発者の責務などを定めた国際指針に合意した。

2

国際政治

出る文

➡ 2023年，日本はG7の議長国として，広島市での首脳会合のほか，日本各地で閣僚会合を開催した。

➡ 広島サミットでは，「核兵器のない世界の実現」を目指すとした「核軍縮に関するG7首脳広島ビジョン」が発表された。

➡ 広島サミットでは，中国を念頭に，G7が協調して「経済的威圧」への対応強化を図ることが合意された。

➡ 広島サミットは生成AIについて，担当閣僚が協議する「広島AIプロセス」の創設を決定した。

ウクライナ侵略

出題可能性 ★ ★

2022年に起きた世界史的大事件。経緯も含めて情勢を理解しておくことが大切！

ロシアとの関係強化を図るべきか，それともロシアとは距離を置き，EU（欧州連合）やNATO（北大西洋条約機構）に加わる道を模索するべきか。この選択をめぐって，近年のウクライナ政治は大きく揺れ動いてきた。

◇クリミア併合

2014年，ウクライナで親ロシア派の政権が倒れ，親欧米派の政権が誕生すると，ロシアのプーチン政権はこれに強く反発❶。ウクライナから領土を奪い取る政治戦略を始めた。

まず，クリミア半島で「**クリミア共和国**」を樹立。ウクライナから独立させた後，ロシアに併合した❷。また，ロシア語話者が多いウクライナ東部でも分離独立派を支援。親ロシア派が支配地域を維持できるよう，非公式の軍事支援も行った。

ウクライナは国土奪還に向け，東部に軍隊を派遣。親ロシア派武装勢力との戦闘が断続的に続いた。

停戦が実現したのは2015年。ドイツとフランスの仲介で，不法武装勢力の撤退や東部の親ロシア派支配地域の自治を認めることなどを盛り込んだ「**ミンスク合意**」が成立した。しかし，親ロシア派は独立をあきらめず，その後も武力衝突が散発的に発生。ミンスク合意は実行されなかった。

◇軍事侵略

2022年2月，ロシアはウクライナに対する「特別軍事作戦」を開始。軍事侵略を本格化させた❸。

国連で紛争を扱う安全保障理事会（安保理）は，ロシアが拒否権を持つ以上，対応不能。代わって国連総会で**ロシアの即時撤退を求める非難決議**が採択されたが，総会の決議には拘束力がなく実効性に乏しい❹。

そのため，**日米欧の主要国などはロシアに対する経済制裁を独自に実施**。関係者や関係企業の資産凍結に加

❶プーチン政権の誕生は2000年。大統領を2期8年務めた後，いったん首相となり，再び大統領に就任した（任期は6年に変更）。さらに2020年には，自身の2024年大統領選挙への立候補を可能にする憲法改正を実現させた。

❷主要国首脳会議（当時はG8）は，ウクライナの主権と領土を侵害したロシアをメンバーから追放。G8はG7になった。その後，G7各国はロシアに対する経済制裁を実施した。

❸これに先立ちプーチン大統領はウクライナ東部の「ドネツク人民共和国」と「ルハンスク人民共和国」の独立を承認。特別軍事作戦は両国の要請によると発表した。

❹賛成141か国，反対はロシアや北朝鮮など5か国。中国やインドなど35か国が棄権。

え，ロシアの金融機関との取引停止に踏み切った❺。ロシアは資源の供給停止で対抗❻。世界的な資源価格の高騰を招いた。

米欧諸国はロシアと戦うウクライナに武器を供与❼。特にアメリカは，地対空ミサイル「パトリオット」や高機動ロケット砲システム「ハイマース」など，高度な兵器を提供し，ウクライナの反転攻勢を後押しした。

◇分離独立の画策

2022年9月，戦争状態が長期化するなか，ロシアは東部と南部の支配地域で住民投票を実施。圧倒的多数がロシアへの編入に賛成したとの集計結果を発表した。

すぐさまプーチン大統領は**占領地域4州のロシア連邦加盟**を宣言。ルハンスク，ドネツク，ザポリッジャ，ヘルソンの4州と編入条約に署名し，祝賀イベントまで開いて，併合の既成事実化を世界にアピールした。

国連安保理では，住民投票の無効とロシアの即時撤退を求める非難決議案を採決。15か国のうち10か国が賛成したが，ロシアの拒否権行使で否決された。一方，国連総会では143か国の賛成で非難決議が採択された。

2023年中も戦闘は継続。一進一退の状況が続いた。両軍合わせた死者数はすでに数万人規模。UNHCR（国連難民高等弁務官事務所）によると，ウクライナから国外に逃れた避難民は約800万人を超えている。2023年末時点では，和平に向けた動きはまったく見えていない。

❺国際送金システムSWIFT（国際銀行間通信協会）からロシアを締め出した。

❻EUはロシア産原油と石油製品の輸入を原則停止した。

❼日本の支援策はp.19参照。

NATO（北大西洋条約機構）

北米2か国と欧州29か国が加盟する軍事同盟。2022年にフィンランドとスウェーデンの加盟を決定し，前者は2023年に批准手続を終えて加盟国入りした（後者は2023年末現在，手続中）。

2 国際政治

→ 2014年，ロシアはクリミア半島で「クリミア共和国」を樹立し，ウクライナから独立させた後，ロシアに併合した。

→ 2022年2月にロシアがウクライナに軍事侵略したことを受け，日米欧主要国はロシアに対する経済制裁に踏み切った。

→ 2022年9月，ロシアはウクライナ東南部の支配地域を併合する決定を行った。

→ ウクライナ紛争や地域併合についてロシアを非難する決議は，国連総会では採択されたが，安保理では採択されていない。

ヨーロッパ情勢

西欧主要4か国の政治情勢を一気に整理。首脳の所属政党がわかることが第1歩！

◇フランス政治

2022年，フランスでは4月に大統領選挙が，6月に国民議会（下院）選挙が実施された❶。戦後のフランス政治を担ってきた保革の二大政党（共和党系，社会党系）は衰退。代わって極右と極左の存在感が際立った。

大統領選挙では，現職で**中道政党「共和国前進」を率いるマクロン氏**に，極右「国民連合」のルペン氏と極左「不屈のフランス」のメランション氏が挑む展開❷。マクロン氏とルペン氏による決選投票となったが，マクロン氏が58.55％の票を得て再選を果たした。

一方，6月の**国民議会選挙では与党が大敗**。マクロン大統領の支持勢力は議席を大幅に減らし，過半数を下回る結果となった。他政党の閣外協力に期待しながらの不安定な政権運営が続いている。

◇イタリア政治

イタリアでは2021年に新政権が発足。欧州中央銀行前総裁のドラギ氏を首相とする実務型の内閣が誕生した。だが，右派と左派のポピュリスト政党が参加した連立政権は不安定。ドラギ首相は2022年7月に辞任を表明し，9月に総選挙が実施された。

選挙結果は，**極右政党「イタリアの同胞」**を中心とした右派連合が上下両院で過半数を確保し，勝利。同党の**メローニ党首**がイタリア初の女性首相に就任した。

メローニ首相は，保守的な家族観や反大量移民の民族主義が信条。ナショナリストとしてEU（欧州連合）の活動に懐疑的だったが，首相就任に当たってはEUとの連携を重視する姿勢をアピールした。

◇イギリス政治

イギリスでは，ブレグジット（イギリスのEU離脱）を実現させた保守党の**ジョンソン首相**の不祥事が発覚（コロナ対策中のパーティ開催など）❸。支持率の低下や

---

2 国際政治

---

❶ フランスの国政選挙は2回投票制。過半数の有効票獲得者がいない場合，大統領選挙では上位2名，国民議会選挙では12.5％以上の票の獲得者で決選投票を行う。

❷「共和国前進」は党名を2022年9月に「再生」に変更。

✏ **欧州政治共同体首脳会合**

EU加盟国，EU加盟候補国，EU近隣国（イギリスなど）の44か国による新たな枠組み。2022年に初の首脳会合を開き，定期開催を決定した。なお，ウクライナは2022年にEU加盟候補国の地位を獲得。

❸ 2019年，ジョンソン首相はブレグジットの早期実現を争点に総選挙を実施。保守党が大勝し，イギリスは2020年1月末にEUを離脱した。

閣僚の離反で，2022年，首相交代に追い込まれた。

保守党の新党首に選ばれたのは**トラス氏**。イギリス3人目の女性首相に就任した。ところが大型減税の提案で政治が混乱。2か月もたたずに辞任した。

保守党は**インド系のスナク氏**を後継党首に選出。42歳という若いイギリス首相の誕生だ。元財務相のスナク氏が得意とするのは経済対策。インフレ対策などで力を発揮することが期待されている。

◇ドイツ政治

2021年，ドイツは連邦議会（下院）選挙を実施。16年間在任したメルケル首相が引退を表明したため，次の首相を決める選挙となった。

得票率に基づく議席配分の結果，得票率25.7%で議席を50ほど増やした「**社会民主党**」が**16年ぶり**に**第1党の地位を獲得**。一方，メルケル首相を支えてきた「キリスト教民主・社会同盟」は過去最低の得票率（24.1%）に終わり，第2党に転落した❹。

2大政党の議席差が9しかないこともあり，選挙後に行われた連立交渉は難航。選挙から3か月して，ようやく社会民主党，同盟90・緑の党（第3党），自由民主党（第4党）による**3党連立政権**が誕生した。

新首相には**社会民主党のショルツ氏**が就任。大連立時のメルケル政権で財務相を務めた実務型政治家だ。ショルツ首相は閣僚の半数に女性を起用。初のトルコ系ドイツ人閣僚も誕生させ，内閣のイメージを一新した。

✎ **北欧諸国の政治**

ロシアのウクライナ侵略は北欧諸国の政治情勢に影響。右派の台頭をもたらした。

スウェーデンでは2022年の総選挙で中道左派から中道右派へ政権が交代。極右政党も第2党に躍進した。

フィンランドでも2023年の総選挙で政権が交代。第1党で中道右派の国民連合が第2党で極右のフィン人党などと連立政権を発足させた。

❹前回の選挙で第3党に躍進した極右政党「ドイツのための選択肢」は大きく議席を減らし，第5党となった。

出る文

→ 2022年のフランス大統領選挙は，中道，極右，極左の3候補の接戦となったが，中道で現職のマクロン氏が再選を果たした。

→ イタリアでは2022年の総選挙で右派連合が勝利し，極右政党「イタリアの同胞」のメローニ党首が首相に就任した。

→ イギリスでは2022年，インド系のスナク氏が保守党党首となり，新首相に就任した。

→ 2021年，ドイツでは社会民主党，緑の党，自由民主党の3党連立政権が発足し，社会民主党のショルツ氏が首相に就任した。

アメリカ政治

出題可能性 ★ ★ ★

2024年はアメリカにとって選挙の年。選挙と外交を軸にバイデン時代を再整理！

◇近年の選挙

　2024年はアメリカ大統領選挙の年。すでに2月から各党の候補者を決める「**予備選挙**」がスタートしている。民主党・共和党が候補者を正式に決めるのは夏の党大会。その後は11月5日の「**一般投票**」に向け，選挙戦は一気に激しさを増す❶。

　ちなみに，**2020年の大統領選挙は民主党のバイデン候補の勝利**。306人の「選挙人」を獲得し，共和党のトランプ候補の232人を大きく上回った❷。

　バイデン氏は2021年1月，アメリカ史上最高齢（78歳）で大統領に就任。副大統領には**黒人女性のハリス氏**を指名した。女性副大統領はアメリカ史上初だ。

　また，アメリカでは4年ごとの大統領選挙と同時に，**連邦議会選挙**も実施❸。ただし，連邦議会選挙は2年ごとにも行われる。これは大統領の任期の半分が過ぎた時点であることから「中間選挙」と呼ばれている。

　2022年の「中間選挙」では共和党が下院の過半数議席を獲得（435議席中の222議席）。2020年の選挙で多数派になった民主党は，早くも下院の主導権を共和党に明け渡すこととなった。

　一方，**上院では民主党が過半数議席を獲得**（100議席中の51議席）。上下両院の間に「ねじれ」が生じる結果となった。

◇バイデン外交

　バイデン大統領は，21世紀の世界の特徴を「**民主主義と専制主義（権威主義）の闘い**」と認識❹。中国やロシアに対抗する姿勢を打ち出している。

　そのため，バイデン政権は同盟国との政治的・軍事的な連携を強化。2021年には新たな安全保障の枠組みとして，**イギリス，オーストラリアと「AUKUS」**を発足させた❺。米英はオーストラリアの原子力潜水艦の建造・保有を支援。3か国は最高レベルの軍事機密をシェアす

❶連邦国家であるアメリカの大統領選挙は各州に割り当てられた計538人の「選挙人」の獲得競争。ほとんどの州では11月の一般投票で1位になった候補に，州のすべての「選挙人」を与えている。

❷両氏は2024年の選挙にも立候補を表明。当選した場合，2025年1月の就任時の年齢はバイデン氏82歳，トランプ氏78歳。

❸同時に行われた36の州知事選挙では，女性候補の当選者数が過去最多を記録。

❹専制主義は1人支配を，権威主義は服従を強要する非民主的体制を意味する。

❺3か国の頭文字（AとUKとUS）からなる。

ることとなった。

2021年にはバイデン大統領の呼びかけで，日本，アメリカ，オーストラリア，インドの4首脳が会合。**クアッド首脳会合**の定例開催で合意した。

4か国（＝クアッド）は，自由，民主主義，法の支配などの基本的価値に加え，「自由で開かれたインド太平洋」のビジョンも共有。外交戦略だけでなく，インフラ開発，宇宙・サイバー技術，クリーンエネルギーなどでも協力を深めていくことになった**❻**。

また，バイデン大統領は，権威主義国に対抗する勢力の結束を意識して，初の「**民主主義サミット**」を主催。オンライン上ではあるが，日本を含む111の国・地域の首脳が一堂に会した**❼**。2023年3月には，第2回「民主主義サミット」を韓国やオランダなど5か国と共催。参加国は120の国・地域に増えた。

2023年8月には日韓の首脳をアメリカに招き，3者で会談。**日米韓の安全保障協力**を「新たな高みへと引き上げる」ことで意見の一致を見た。今後，日米韓は3か国間の連絡メカニズムを改善し，少なくとも年1回の首脳会合と，外務，防衛，財務，商務・産業等の閣僚会合を開催する。

2022年2月にロシアがウクライナへの侵略を始めると，バイデン大統領はこれを「プーチンの残忍な戦争」と呼んで強く非難。今もウクライナに対し，高性能の攻撃的兵器を含む大規模な軍事支援を実施している**❽**。

❻2022年のクアッド首脳会合は日本で開催された。

❼アメリカはこの会合に台湾を招待。一方，中露はもちろん，EU加盟国でも独裁色の濃いハンガリーや，親米的とはいえ王族支配のアラブ諸国は招待しなかった。

❽2022年には武器貸与法が成立。手続きを簡略化し，大統領の権限で迅速に軍事支援ができる体制を整えた。

✏️ **オーストラリア政治**

2022年の総選挙で労働党が勝利し，9年ぶりに政権交代。アルバニージー氏が首相に就任した。

2 国際政治

出る文

➡ 2022年のアメリカ連邦議会の「中間選挙」では，共和党が下院の過半数を，民主党が上院の過半数を獲得した。

➡ バイデン大統領は，21世紀は「民主主義と専制主義の闘い」になると述べ，中国やロシアへの対抗姿勢を鮮明にしている。

➡ 2021年，日米豪印4か国（クアッド）は首脳会合を開催し，自由で開かれたインド太平洋の実現に向け，連携することで合意した。

➡ 2023年，アメリカは日本と韓国を招いて3者会談を行い，首脳会合と関係閣僚会合の定例開催で合意した。

アジア情勢

出題可能性 ★ ★ ★

日韓関係の改善で韓国政治が出題適期。東南アジア諸国の政治動向にも注意が必要！

2
国際政治

◇韓国政治

2022年の韓国大統領選挙は大接戦❶。得票率1％に満たない僅差で，「国民の力」（保守系）の尹錫悦氏が，文在寅政権の継承を掲げた「共に民主党」（革新系）の李在明氏を破って当選した。

尹錫悦氏は同年5月に大統領に就任。日本に対しては関係改善に意欲を示し，反日世論を政治利用しないと表明した。北朝鮮政策では日米韓の連携を重視する姿勢を示している。

とはいえ，**国会で多数を占めているのは革新系の「共に民主党」**。新大統領は2024年4月の次期総選挙まで国会対策に苦労することになる。

◇中国政治

中国は2022年の共産党大会で，**習近平氏の総書記留任**を決定。定年（68歳）や任期（2期10年まで）の慣例を破っての留任は，習近平氏が強固な体制を築いている証だ。

国家主席の任期についても，すでに2018年の憲法改正で，「1期5年を2期まで」という規定を撤廃済み。今や習近平氏は，共産党（総書記），国家（国家主席），人民解放軍（中央軍事委員会主席）のすべてで，任期の制約を受けない独裁的指導者になっている。

習近平氏が掲げるのは「**新時代の中国の特色ある社会主義思想**」。愛国主義を鼓舞する「中華民族の偉大な復興」や，軍事力の強化を含む「社会主義現代化強国」などがその内容だ。

2022年の共産党大会では，新たに党規約で「**共同富裕**」を目的化。拡大する貧富の格差の是正に向けて舵を切った。中国経済の発展の原動力となってきた「改革開放」路線は修正。再分配制度の整備が優先されることとなった。

❶韓国大統領の任期は5年。再選はできない。尹錫悦氏は元検事総長で，議員経験のない初の大統領である。

台湾総統選挙

2024年1月の選挙で，台湾の独立性を重視する民進党の頼清徳氏が当選。

BRICS（ブリックス）

ブラジル，ロシア，インド，中国，南アフリカ共和国の頭文字をつなげた新興5か国グループの呼称。2024年1月からはアラブ首長国連邦，イラン，エジプト，エチオピア，サウジアラビアも参加。参加予定だったアルゼンチンは2023年11月の選挙で右派大統領が当選し，12月に不参加を表明。

ASEAN友好協力50周年特別首脳会議

2023年12月に東京で開催。海洋安全保障の強化，経済・社会の共創，人的交流の促進などを盛り込んだ共同声明「信頼のパートナー」を発表した。

◇東南アジア諸国の政治

2022年，ASEAN（東南アジア諸国連合）は**東ティモールを11番目の加盟国**として承認。2023年からオブザーバーとしてASEANの会議に参加し，2024年中に正式加盟する。

フィリピンでは，2022年の大統領選挙で，**フェルディナンド・マルコス氏**が当選。副大統領選挙ではサラ・ドゥテルテ氏が当選した❷。新政権はアメリカとの同盟関係を重視。その一方で，中国との経済面での結びつきの強化も図っている。

マレーシアでは，2022年の総選挙で，野党連合の「希望連盟」が与党連合の「国民戦線」を破って勝利。他の政党と連立し，新政権を樹立させた。首相に就任したのは**アンワル氏**。長年の野党指導者で，リベラル色の強い政策にも前向きだ。

タイでは，2023年5月の総選挙で，民主派の「前進党」が第1党に躍進。だが，保守派の強い反発で，首相の選出を阻まれてしまった❸。一方，第2党の「タイ貢献党」は，軍に近い保守系政党を含む11政党の大連立に成功。「タイ貢献党」のセター氏が首相に就任した。

気がかりなのはミャンマー情勢。**2021年のクーデター**後，軍部による暫定政権が続いている。民主化に向けて2023年8月の総選挙実施が約束されていたが，半年の先送りが発表された。

❷ 新大統領は，1965年から1986年まで独裁政権を続けたマルコス元大統領の長男。新副大統領は，再選禁止規定のため立候補できなかったロドリゴ・ドゥテルテ前大統領の長女。

❸ タイ憲法では，首相の選出は総選挙で選ばれた500人の下院議員と軍政下で任命された250人の上院議員が合同で行う。

📝 **カンボジア政治**

2023年の総選挙では与党が議席をほぼ独占。その後，フン・セン氏に代わって息子のフン・マネット氏が首相に就任した。

2

国際政治

出る文

➡ 2022年，韓国では保守系政党「国民の力」の尹錫悦氏が選挙で勝利し，大統領に就任した。

➡ 2022年の中国共産党大会は，定年や任期に関する慣例を破って，習近平氏の総書記留任を決定した。

➡ 2022年，ASEAN（東南アジア諸国連合）は，東ティモールを11番目の加盟国とすることを決定した。

➡ 2023年，タイでは総選挙が行われ，11政党の大連立を実現させた「タイ貢献党」のセター氏が首相に就任した。

中東情勢

出題可能性 ★★

2023年に覇権を争う2国が国交を正常化。パレスチナ問題，タリバン政権と3本立て！

◇サウジ・イラン国交正常化

2023年3月，中国の仲介によって，国交を7年前に断絶した**サウジアラビアとイランが国交正常化で合意**。9月には大使を交換して外交関係を再開させた。

イランはシーア派で反米なのに対し，サウジアラビアはスンニ派で親米。厳しく対立してきた2国が緊張緩和に動いたことは，中東地域の安定化に大きな影響を持つと見られている。

◇パレスチナ問題

イスラエルでは2022年末，第1党の「リクード」を中心に極右政党も参加する連立政権が発足。**ネタニヤフ氏**が約1年半ぶりに首相に返り咲いた。

2023年10月，パレスチナのガザ地区からイスラム原理主義組織「ハマス」がイスラエルを攻撃❶。イスラエルは「ハマス」壊滅に向け，ガザ地区に対する本格的な軍事作戦に着手した（2023年末現在，作戦継続中）。

◇タリバン政権

2021年，米軍はアフガニスタンから撤退❷。アメリカのバイデン大統領は**20年に及ぶアフガニスタンでの戦争の終結**を宣言した❸。

米軍撤退が進むなか，イスラム原理主義組織「タリバン」が政府軍を圧倒し，全土を支配。**アフガニスタン・イスラム首長国の樹立**を宣言した❹。

❶パレスチナ自治区は，ハマスがガザ地区を掌握した2007年以降，自治政府がある西岸地区と事実上分裂した。

❷2020年にトランプ政権とタリバンとの和平が実現。

❸アメリカは国際テロ組織アルカイダを擁護しているとして，アフガニスタンのタリバン政権を攻撃。崩壊に追い込んだ。その後，タリバンは米軍が支援する政府軍に対抗し，支配地域を広げていった。

❹日米欧などはタリバン政権を新政府として承認していない。

出る文

➡ 2023年3月，7年前に国交を断絶したサウジアラビアとイランが国交を正常化させることで合意した。

➡ 2021年，アフガニスタンではイスラム原理主義組織「タリバン」が全土を支配し，政府樹立を宣言した。

核開発

北朝鮮もイランも核開発を継続。日本の公務員なら関心を持つのは当然！

◇北朝鮮の核開発

北朝鮮は依然として**核兵器の開発・保有を継続❶**。国連安保理は北朝鮮に対し，輸出規制，金融制裁，武器貿易の監視などの経済制裁を決定し，実施している。

北朝鮮は核弾頭を他国に打ち込むためのミサイルの開発にも積極的。2022年のミサイル発射実験数は過去最多を記録した❷。

ミサイルの性能向上では，2017年からアメリカ本土を射程に収めるICBM（大陸間弾道ミサイル）の保有を主張。2019年にはSLBM（潜水艦発射弾道ミサイル）の開発成功を，2021年と2022年には撃ち落とすことが困難な「極超音速ミサイル」の開発成功を発表した❸。

2023年にはミサイルを使った**軍事偵察衛星の打ち上げ**に着手。5月と8月の打ち上げは失敗に終わったが，11月には地球周回軌道への投入に成功した。

◇イランの核開発

2018年，アメリカのトランプ政権は，2015年にイランと米英仏露中独が結んだ「**イラン核合意**」が無意味だとして離脱。これに対し，イランも合意の履行を停止し，核兵器に必要なウラン濃縮を進めている。

2021年のイラン大統領選挙では，反米を掲げる**保守強硬派のライシ氏が当選**。アメリカとイランの協議は水面下で続けられているが，新たな合意には時間がかかると見られている。

❶核実験は過去6回。6回目は2017年。

❷ミサイルが日本上空を通過する場合，政府は全国瞬時警報システム（Jアラート）で各自治体に緊急連絡する。

❸北朝鮮のミサイル開発について，国連安保理は2018年以降，中露の反対で新たな制裁を採択できていない。

✎ 核兵器禁止条約

核兵器の開発，実験，製造，備蓄，移譲，使用及び威嚇としての使用を禁止する条約。2017年採択，2021年発効。核保有国や核開発国のほか，日本，韓国，NATO諸国なども不参加。

2 国際政治

出る文

➡ 北朝鮮はミサイル開発を続けており，2023年には軍事偵察衛星の打ち上げにも成功した。

➡ 2021年に保守強硬派のライシ氏がイラン大統領に就任したことで，「イラン核合意」の再締結に向けた交渉は困難さを増している。

国際政治の出る文穴埋めチェック

❶2023年，日本は（　　　）の議長国として，広島市での首脳会合のほか，日本各地で閣僚会合を開催した。→ p.29

❷広島サミットは（　　　）について，担当閣僚が協議する「広島AIプロセス」の創設を決定した。→ p.29

❸2014年，ロシアは（　　　）半島で「（　　　）共和国」を樹立し，ウクライナから独立させた後，ロシアに併合した。→ p.31

❹2022年のフランス大統領選挙は，中道，極右，極左の3候補の接戦となったが，中道で現職の（　　　）氏が再選を果たした。→ p.33

❺2021年，ドイツでは社会民主党，（　　　），自由民主党の3党連立政権が発足し，社会民主党のショルツ氏が首相に就任した。→ p.33

❻バイデン大統領は，21世紀は「民主主義と（　　　）の闘い」になると述べ，中国やロシアへの対抗姿勢を鮮明にしている。→ p.35

❼2023年，アメリカは日本と（　　　）を招いて3者会談を行い，首脳会合と関係閣僚会合の定例開催で合意した。→ p.35

❽2022年，韓国では保守系政党「（　　　）の力」の尹錫悦氏が選挙で勝利し，大統領に就任した。→ p.37

❾2022年，ASEAN（東南アジア諸国連合）は，（　　　）を11番目の加盟国とすることを決定した。→ p.37

❿2021年に保守強硬派のライシ氏が（　　　）大統領に就任したことで，「（　　　）核合意」の再締結に向けた交渉は困難さを増している。→ p.39

解　答

❶**G7**：主要7か国グループ。「サミット」は首脳会合を意味するので，閣僚会合まで含めると「G7」のほうが適切。

❷**生成AI**：広島サミットではAIガバナンスも議題になった。

❸**クリミア**：2022年にもロシアは同じ手法でウクライナの東部と南部のロシアへの編入を宣言した。

❹**マクロン**：一方，議会選挙では大統領の支持勢力が大敗。

❺**緑の党**：社会民主党からの首相就任は16年ぶり。

❻**専制主義**：権威主義でもOK。

❼**韓国**：安全保障などでの日米韓の協力が確認された。

❽**国民**：2大政党のうち革新系は「共に民主党」。

❾**東ティモール**：2024年の正式加盟が予定されている。

❿**イラン**：アメリカはイランに対する経済制裁を行っている。

第3章

3

第　章

日本経済

日本のGDP

国家公務員試験の頻出テーマ。まずは日本経済の全体像を把握！

◇GDP

2022年度の実質GDP成長率は1.5%❶。個人消費や設備投資などの内需が持ち直して日本経済は緩やかに回復し，2021年度（2.8%）に引き続きプラス成長を維持した。2023年度に入ってからも，4-6月期の実質GDPは前期比プラス成長。その規模は過去最大となった。

2022年度の名目GDP成長率は2.3%。名目GDPは，2022年4-6月期以降，同年7-9月期を除けば前期比で増加を続け，2023年4-6月期の名目GDPは過去最大となった❷。

◇需要項目

個人消費は，2022年以降の経済社会活動の正常化で旅行や外食等のサービス消費が回復。衣料品等の半耐久財支出も2022年半ばにかけて前期比で増加した。2022年度後半には，部材供給不足が緩和した自動車を中心に耐久財支出も回復❸。個人消費全体が回復した。

設備投資は持ち直し。好調な企業収益や積極的な投資意欲に支えられ，高水準で推移した。住宅投資も底堅く推移した。

公需は，2021年度と2022年度の補正予算の執行が進展。2022年4-6月期以降，5四半期連続で増加した。

一方，輸出の伸びは緩やか❹。外需は2022年度にはマイナスに寄与した。

❶この章の統計数値は2023年12月末時点の公表値。なお，GDP（国内総生産）統計や国際収支統計等は改定されるため，『経済財政白書』の数値とは異なる場合がある。

❷2022年7-9月期には，輸入物価の上昇等で輸入が急増したため，前期比で減少した。

❸自動車は，半導体等の供給不足に見舞われ，減産を強いられていた。

❹2023年1-3月期には前期比マイナスとなった。

出る文

➡ 2022年度の日本経済は，個人消費や設備投資などの内需が持ち直して緩やかに回復し，実質GDP成長率は1%台となった。

➡ 2023年4-6月期には，実質GDPも名目GDPも過去最大となった。

家計部門

個人消費についてはミクロの動きにも注意。住宅投資も要チェック！

◇個人消費

2020年度の実質消費支出は，前年度に比べ，低収入世帯では減少した一方，高収入世帯ではほぼ横ばいで推移❶。物価が上昇するなか，異なる動きとなった。

品目別の支出で両者の違いが際立つのは，衣服，家具・家電，自動車等の「選択的財」。高収入世帯では支出が増えたが，低収入世帯の支出は顕著に減少した。

このほか，「基礎的財（食料）」への支出はいずれの収入階層でも減少。「基礎的財（食料以外）」はどちらもおおむね横ばいだった。家賃，家事サービス，保健医療サービス等の「基礎的サービス」は高収入世帯で横ばいだった一方，低収入世帯では増加。外食や交通，教養娯楽サービス等の「選択的サービス」はどちらも増加した❷。

◇住宅投資

2022年の住宅着工戸数はおおむね横ばいで推移❸。持家が弱含む一方，分譲住宅や貸家は底堅かった❹。

持家の着工は，住宅ローン減税制度等の住宅取得支援策の効果や郊外での住宅需要の高まりにより，2020年半ば～2021年末に持ち直し。ただし，2022年は住宅価格が上昇し，減少傾向で推移した。

相対的に価格上昇が抑えられた分譲住宅の着工は，2022年も底堅く推移。また，在宅勤務の広がりで，貸家の着工は2020年半ば以降，広めの住宅への需要が高まって持ち直し，2022年も底堅い動きとなった。

❶総務省「家計調査」。
低収入世帯は，年収五分位別の第一分位と第二分位，高収入世帯は第四分位と第五分位（年収の平均は低収入世帯470万円，高収入世帯1089万円）。

❷選択的財・サービスは贅沢品的なもの。基礎的財・サービスは生活必需品的なもの。

❸国土交通省「建築着工統計」。季節調整値。

❹着工床面積（季節調整値）は，2022年には減少傾向で推移した。

3 日本経済

出る文

→ 2022年度の実質消費支出は，前年度に比べ，低収入世帯では減少した一方，高収入世帯ではほぼ横ばいで推移した。

→ 2022年の住宅着工戸数は，持家が弱含む一方，分譲住宅や貸家が底堅く推移し，おおむね横ばいで推移した。

企業部門

出題可能性 ★ ★ ★

生産や投資を担う企業部門。高水準の企業収益にも注意！

3

日本経済

◇生産と企業収益

鉱工業生産は，部材供給不足で2022年4月と5月に大幅に減少❶。その後反発したが，秋以降はやや減少。2023年1月に底を打ち，徐々に増勢を回復した。

業種別では，2022年秋までは生産用機械が増加を牽引。2023年春以降は輸送機械が中心となって持ち直した。一方，電子部品・デバイスは2022年夏以降減少した。

2022年度の企業収益は高水準で推移❷。業種別では，非製造業で売上高が増え続け，特に年度後半に企業収益が増加した。一方，製造業の企業収益は，年度後半には減少傾向となった。

◇設備投資

高水準の企業収益の下，キャッシュフローの増加に支えられ，**2022年度の名目ベースの設備投資は過去最高**。ただし，資材価格の高騰等で設備投資デフレーターが上昇し，**実質設備投資の増加テンポは緩やかだった❸**。

形態別の実質設備投資を見ると，2022年1−3月期以降，知的財産生産物（ソフトウェア，研究開発等）への投資は増加基調で推移。「その他の機械設備等」では2022年7−9月期まで能力増強投資や更新投資を中心に増加したが，10−12月期以降，物価上昇や半導体市況の軟化で減速した。一方，輸送用機械（自動車等）では供給制約により2022年前半に低水準で推移。供給制約が徐々に緩和された2022年後半には増加した。

❶経済産業省「鉱工業指数」。季節調整値。
コロナ感染拡大による3〜5月の中国上海の都市封鎖等により，部材供給不足になった。

❷財務省「法人企業統計」。季節調整値。

❸デフレーター＝名目値から実質値を算出するために用いられる価格指数。

✎ 倒産件数

企業の倒産件数は，2021年1月〜2022年8月には500件前後で推移。2022年9月以降は600件前後に増え，2023年も増加基調で推移し，6月には720件となった（東京商工リサーチ「倒産月報」，内閣府による季節調整値）。

出る文

➡ 2022年度の企業収益は高水準で推移したが，製造業では年度後半に減少傾向となった。

➡ 高水準の企業収益の下，2022年度の設備投資は名目ベースでは過去最高となったが，実質ベースの増加テンポは緩やかだった。

経常収支

出題可能性 ★ ★ ★

経常収支もフォローすべき統計。大まかな動きをつかんでおきたい！

◇経常収支

　2022年の経常収支は**黒字基調で推移**❶。子会社の収益改善や円安により直接投資収益等が増え，**第一次所得収支が黒字**だったからだ❷。一方，**貿易収支は一貫して赤字で推移**。2022年の貿易赤字は過去最大だった。

　なお，2022年8月と10月の経常収支は一時的に赤字を記録。資源価格の上昇等により貿易赤字が大幅に拡大したためだ。11月以降は貿易収支の赤字が縮小。サービス収支も改善し，経常収支は黒字で推移した。

◇サービス収支

　サービス収支は，コロナ禍以降2022年夏頃まで，赤字幅を徐々に拡大。内訳では，「旅行収支」の黒字幅が急速に縮小し，「その他サービス収支」の赤字幅が大幅に拡大した。

　このうち，旅行収支の黒字縮小はインバウンド（訪日外国人旅行）の急激な減少によるもの。コロナの感染拡大のあおりを受けた格好だ。その後2022年10月に水際対策が大幅に緩和され，インバウンドが回復。旅行収支も改善するようになった。

　一方，その他サービス収支の赤字幅は，海外からのサービス購入が増えて大幅に拡大。保険・年金サービスの趨勢的な拡大や「その他業務サービス」でのウェブ広告への支払増等によるものだ。ただし，「知的財産権等使用料」は黒字で推移した。

❶財務省・日本銀行「国際収支統計」。季節調整値。

❷第一次所得収支＝海外からの利子・配当金など投資収益に関する収支。

3

日本経済

出る文

➡ 2022年の経常収支は，貿易収支が赤字で推移したものの，第一次所得収支の黒字により黒字基調で推移した。

➡ サービス収支の赤字幅は，旅行収支の黒字幅縮小やその他サービス収支の赤字幅拡大で，コロナ禍以降2022年夏頃まで拡大した。

物価

話題性十分。出題を前提に動きをきちんと押さえよう！

政府が定義する「デフレ脱却」とは，物価が持続的に下落する状況を脱し，再びそうした状況に戻る見込みがないこと。『令和5年版経済財政白書』は，デフレ脱却にはまだ至っていないが，2023年に入ってからは財・サービスともに価格改定頻度が高まるなど，デフレ脱却に向けた動きが出ていると分析した。

◇国際商品価格と輸入物価

原油などの国際商品価格（円ベース）は，2022年半ば頃までは，ロシアによるウクライナ侵略の影響や円安により上昇。その後は下落し，2023年に入ると，コロナ禍前よりは高いが，ウクライナ侵略前の水準まで低下した。急速な円安の一服，景気減速による世界的な需要減の予想，暖冬による欧州の天然ガス需要の減少，ウクライナからの穀物輸出の再開などを受けたものだ。

国際商品価格の下落に伴い，**輸入物価（円ベース）の前年比上昇率も2022年秋以降減速**[1]。2023年4月には，鉱物性燃料や金属・同製品などの価格が下落し，2年2か月ぶりに前年比マイナスとなった。

◇企業物価

国内企業物価指数は2022年12月に前年比10.6％まで上昇[2]。1980年12月以来42年ぶりの高水準となった。その後2023年に入ると，輸入物価を遅れて反映する形で上昇幅が縮小した。

また，**企業向けサービス価格指数（除く国際運輸）の前年比上昇率は，しだいに加速**[3]。2023年5月の前年同月比は2.0％（消費税の影響を除く）に達し，30年8か月ぶりの高水準となった。宿泊サービスの需要回復や専門技術者派遣サービスの高騰などで「諸サービス」価格が上昇。物品価格の高騰で「リース・レンタル」価格も上昇した。

✎ **GDPギャップ**

経済全体の需給ギャップ。需給の引き締まり度合いを表す。2022年には，内需が緩やかに持ち直し，マイナス幅が縮小した。ただし，2023年1－3月期でも依然としてマイナスだった。

[1]日本銀行「企業物価指数」。

[2]日本銀行「企業物価指数」。

[3]日本銀行「企業向けサービス価格指数」。

3

日本経済

◆消費者物価

　コア指数で見た**消費者物価指数の前年比上昇率は2022年以降加速❹**。消費者物価は，2022年1月からのガソリン代・灯油代の激変緩和措置（補助金支給）や10月からの全国旅行支援といった政策で押し下げられたものの，しだいに上昇率を高めた。

　2023年1月のコア指数の前年同月比は4.2％。41年4か月ぶりの上昇となった。ただし，2月の前年比は3.1％に低下。政府による電気・ガス代の激変緩和措置が消費者物価を引き下げたからだ。

　2022年以降に**コア消費者物価を押し上げた品目は，主にエネルギーと食料**。2023年1月には両者で上昇率の約7割を占め，6月には食料だけで約3分の2を占めた。

　消費者物価を財とサービスに分けて見ると，財物価の上昇は主に輸入物価によるもの。日本では，輸入物価の変動は，平均で6か月ほど遅れて財物価に反映されているようだ❺。

　一方，国内の需給や賃金コストの影響が強く，国際商品市況の影響を受けにくいのがサービス物価。2023年6月の前年比上昇率を見ても1.8％と財物価に比べ低い❻。

　なお，消費者物価の基調を見るときに欧米でよく参照されるのは**食料・エネルギーを除く消費者物価指数**。日本では，この指数の前年比が**2022年半ばからプラスに転じた**。5％程度のアメリカやユーロ圏に比べると緩やかな上昇だが，その後しだいに加速した。

❹総務省「消費者物価指数」。
コア指数＝生鮮食品を除く総合指数。

❺輸入物価の変動が財物価に反映されるまでの期間は，アメリカでは0か月，ユーロ圏では2か月と短い。また，転嫁率を比べると，日本は欧米より低い。

❻アメリカ（5.7％）やユーロ圏（5.4％）と比べても低い。
　サービス物価上昇に最も大きく寄与したのは，外食サービスの値上がり。家事関連サービスや教養娯楽サービスも上昇に寄与した。一方，家賃の前年比上昇率は0％近傍だった。

出る文

→ 国内企業物価指数は，2022年12月に前年比で10％以上上昇したが，2023年に入ると上昇率を縮小させた。

→ コア指数で見た消費者物価指数の前年比上昇率は，政策での押し下げにもかかわらず，2022年以降加速した。

→ 2022年以降にコア消費者物価を押し上げた品目は，主にエネルギーと食料である。

→ 食料・エネルギーを除く消費者物価指数の前年比は，2022年半ばからプラスに転じ，その後上昇率を高めた。

3
日本経済

労働市場

改善してきた雇用情勢。基礎的な統計指標はしっかりチェック！

3

日本経済

◇失業率・有効求人倍率

雇用情勢は，コロナの感染拡大で2020年に悪化。だが，2021年以降，経済社会活動がしだいに活発化するなか，持ち直してきた。

2022年平均の完全失業率は2.6% [1]。前年より0.2ポイント低下した。一方，**2022年平均の有効求人倍率は1.28倍** [2]。有効求人数が増加傾向で推移し，前年より0.15ポイント上昇した。

2022年には，完全失業率も有効求人倍率も前年より改善。とはいえ，いずれもコロナ感染拡大前の2019年の水準までは回復しなかった [3]。

◇就業者・雇用者・完全失業者

就業者数や雇用者数は，2020年にはコロナの影響で減少。だが，2021年以降は増加傾向となった。

2022年の就業者数は6723万人。前年より10万人増加した。

就業者の大半を占める雇用者数は前年より25万人増加。6041万人となった。男女別の雇用者数は，男性が3276万人で2万人減少。一方，女性は2765万人で26万人増加した。

2022年の完全失業者数は179万人で，前年より16万人減少。減ったのは3年ぶりだ。ただし，2019年（162万人）に比べると依然として多かった。

[1] 総務省「労働力調査」。完全失業率とは，労働力人口に占める完全失業者の割合。

[2] 厚労省「職業安定業務統計」。有効求人倍率とは，ハローワークでの求職者数に対し，企業からの求人数がどれだけあるかを表す指標。

[3] 2019年平均の完全失業率は2.4%，有効求人倍率は1.60倍。

出る文

➡ 2022年平均の完全失業率は，前年より低下して2.6%となったが，2019年よりは高かった。

➡ 2022年の完全失業者数は，3年ぶりに減少して179万人となったが，2019年に比べると依然として多かった。

賃金

岸田内閣が重視する賃金アップ。確実な実現を願いたい！

2022年の現金給与総額は2年連続で増加❶。コロナの感染拡大前の2019年の水準を上回った。

◇一般労働者の賃金

一般労働者の現金給与総額については，2020年にコロナの感染拡大の影響で，所定外給与と特別給与が大幅に減少。所定内給与も減り，現金給与総額は大きく減少した。だが，2021年には所定内給与と所定外給与が増加。現金給与総額も増加した。

2022年になると，所定内給与，所定外給与，特別給与のいずれも増加。**2022年の一般労働者の現金給与総額は2019年の水準を大きく上回った。**

◇パートタイム労働者の賃金

パートタイム労働者については，2020年に所定内給与と所定外給与が大幅に減少。現金給与総額は減少した。一方，**特別給与は増加**。2020年4月に同一労働同一賃金が導入され，**非正規雇用の処遇が改善**されたためだ。

2021年には所定外給与は引き続き減少。一方，所定内給与が増加に転じ，現金給与総額は小幅ながら増加した。

2022年には，所定内給与，所定外給与，特別給与のいずれも増加。特に所定内給与が大きく増え，**2022年のパートタイム労働者の現金給与総額は2019年の水準を上回った。**

❶厚労省「毎月勤労統計調査」。
現金給与総額＝所定内給与（基本給等）＋所定外給与（残業代）＋特別給与（ボーナス等）

3
日本経済

✎ 春闘

「連合」によると，2023年の春闘の賃上げ率は3.58％。30年ぶりの高水準となった。

✎ 最低賃金

2023年度の最低賃金の全国加重平均は1004円。初めて1000円を上回った。上げ幅（43円増）も過去最大だった。

✎ 実質賃金

2022年の雇用者の実質賃金は減少。名目賃金は増加したものの，消費者物価が上昇したため。

出る文

→ 2022年の現金給与総額は，一般労働者もパートタイム労働者も2年連続で増加し，2019年の水準を上回った。

→ 2020年4月以降の非正規雇用の処遇改善により，パートタイム労働者の特別給与は2020〜2022年に増加した。

日本経済の出る文穴埋めチェック

❶2022年度の日本経済は，個人消費や設備投資などの内需が持ち直して緩やかに回復し，実質GDP成長率は（　　　）％台となった。　　　　　　　→p.42

❷2022年度の実質（　　　）支出は，前年度に比べ，低収入世帯では減少した一方，高収入世帯ではほぼ横ばいで推移した。　　　　　　　　　　→p.43

❸2022年の住宅着工戸数は，（　　　）が弱含む一方，分譲住宅や貸家が底堅く推移し，おおむね横ばいで推移した。　　　　　　　　　　　　　→p.43

❹高水準の企業収益の下，2022年度の（　　　）は名目ベースでは過去最高となったが，実質ベースの増加テンポは緩やかだった　　　　　　　→p.44

❺2022年の経常収支は，貿易収支が赤字で推移したものの，（　　　）の黒字により黒字基調で推移した。　　　　　　　　　　　　　　　　　→p.45

❻サービス収支の赤字幅は，（　　　）収支の黒字幅縮小やその他サービス収支の赤字幅拡大で，コロナ禍以降2022年夏頃まで拡大した。　　　　→p.45

❼（　　　）物価指数は，2022年12月に前年比で10％以上上昇したが，2023年に入ると上昇率を縮小させた。　　　　　　　　　　　　　　　→p.47

❽2022年以降にコア消費者物価を押し上げた品目は，主にエネルギーと（　　　）である。　　　　　　　　　　　　　　　　　　　　　　　→p.47

❾2022年平均の（　　　）は，前年より低下して2.6％となったが，2019年よりは高かった。　　　　　　　　　　　　　　　　　　　　　　→p.48

❿2022年の（　　　）は，一般労働者もパートタイム労働者も2年連続で増加し，2019年の水準を上回った。　　　　　　　　　　　　　　　→p.49

解　答

❶**1**：おおよその数値を頭に入れておこう。

❷**消費**：衣服，家具・家電，自動車等の選択的財支出での違いが目立つ。

❸**持家**：住宅価格が上昇し，持家着工は減少傾向で推移した。

❹**設備投資**：資材価格の高騰等で設備投資デフレーターが上昇。

❺**第一次所得収支**：海外からの利子・配当金など投資収益に関する収支。

❻**旅行**：コロナの影響で訪日外国人旅行者数は激減した。

❼**国内企業**：2022年12月の上昇率は42年ぶりの高い水準だった。

❽**食料**：2023年1月にはエネルギーと食料で上昇率の約7割を占め，6月には食料だけで約3分の2を占めた。

❾**完全失業率**：2022年の有効求人倍率も改善したが，2019年より低かった。

❿**現金給与総額**：所定内給与，所定外給与，特別給与の合計。

第4章

経済政策

人への投資

出題可能性 ★ ★ ★

「新しい資本主義」の重点分野。自分への投資も忘れずに！

◆「人への投資」の強化

　岸田内閣は「**人への投資**」を**抜本的に強化**。2022年からの3年間で4000億円規模の投資を行う「施策パッケージ」を実施してきた。人材育成を進め，働く人は自らの意思でスキルアップ。デジタルなどの成長分野へ円滑に移動できるよう支援してきた。

　2022年10月の総合経済対策により，「**施策パッケージ**」は**5年間で1兆円へと拡充**。在職者のキャリアップのための転職支援や，労働者のリ・スキリングへの支援を行い，企業間・産業間の労働移動の円滑化を図る。リ・スキリングとは，成長分野への移動を可能にするような新しいスキルを習得することだ。

◆三位一体の労働市場改革

　2023年5月，政府は「三位一体の労働市場改革の指針」を決定。①**リ・スキリングによる能力向上支援**，②**個々の企業の実態に応じた職務給の導入**，③**成長分野への労働移動の円滑化の改革を三位一体で進める**とした❶。これらを通じ，日本の雇用システムを客観性・透明性・公平性が確保されるシステムへと転換。構造的に賃金が上昇する仕組みをつくっていく。

　具体策としては，たとえば①では個人への直接支援を拡充（5年以内を目途）。②では導入の参考事例集を取りまとめる。③では失業給付制度を見直す（自己都合の離職の場合もすぐに失業給付を受けられるようにする）。

❶職務給とは，実際に従事している業務内容の重要性や価値に応じて賃金が決まる仕組み。

出る文

→ 政府は「人への投資」を抜本的に強化するため，2022年からの5年間で1兆円規模の投資を行う「施策パッケージ」を実施している。

→ 政府は，リ・スキリングによる能力向上支援，職務給の導入，成長分野への労働移動の円滑化を三位一体で進める方針を打ち出した。

4

経済政策

資産所得倍増

「新しい資本主義」の重要施策。2024年に新しくなったNISA制度に注目！

◇資産所得倍増プランの目標

　2022年，政府は**資産所得倍増プラン**を決定。資産形成しやすい環境を整備することで，**家計の金融資産を貯蓄から投資へとシフトさせる**ことがねらいだ。

　同プランの第1の目標は**投資経験者の倍増**。5年間で**NISA（少額投資非課税制度）**総口座数を1700万から3400万へと増やす**❶**。第2の目標は**投資の倍増**。5年間でNISA買付額を28兆円から56兆円へと増加させる。その後，家計による投資額（株式・投資信託・債券等の合計残高）の倍増を目指す。

◇資産所得倍増プランの施策

　同プランは**NISAを恒久化するとともに抜本的に拡充❷**。口座開設可能期間を恒久化し，非課税保有期間（金融商品から得た利益が非課税となる期間）も無期限化する。併せて投資上限額も引き上げる。

　iDeCo（個人型確定拠出年金）制度も拡充（p.101）。加入可能年齢を70歳まで引き上げる。

　さらに，金融経済教育を充実させるため，2024年に「金融経済教育推進機構」を設立。消費者に対して中立的な立場から投資への助言を行うアドバイザーの認定制度も創設する。

　そのほか，金融事業者による「顧客本位の業務運営」に向けた環境を整備。加えて，国際金融センターとしての地位確立等も目指す。

❶NISA＝金融機関でNISA口座を開設して株や株式投資信託等を購入すると配当や譲渡益等が非課税となる制度。

4

経済政策

❷令和5年度税制改正に盛り込まれ，2024年から実施（p.69参照）。

出る文

➡ 2022年，政府は資産所得倍増プランを決定し，家計の金融資産の貯蓄から投資へのシフトを図るとした。

➡ 資産所得倍増プランは，NISAの恒久化・抜本的拡充やiDeCoの加入可能年齢引き上げなどを盛り込んだ。

スタートアップ育成

これも「新しい資本主義」の重点分野。目指すは，戦後期に次ぐ第2の創業ブームの実現！

◇スタートアップ育成5か年計画の目標

2022年，政府はスタートアップ育成5か年計画を決定[1]。起業の加速と大企業のオープンイノベーションの推進を通じ，日本にスタートアップを生み育てる環境を創出するとした[2]。

目標は，スタートアップへの投資額を2027年度までに10兆円規模に拡大すること。将来的にはユニコーン100社，スタートアップ10万社の創出を目指す[3]。

◇スタートアップ育成5か年計画の3本柱

計画の柱は①スタートアップ創出に向けた人材・ネットワークの構築，②スタートアップのための資金供給の強化と出口戦略の多様化，③オープンイノベーションの推進の3つ。主な具体策は以下のとおりだ。

①では，情報処理推進機構が行っている「メンターによる支援事業」を拡大し，他の法人にも展開。また，大学発のスタートアップを後押しするため，「1大学1エグジット運動」を進める[4]。

②では，企業が従業員に付与するストックオプション（株式購入権）の活用に向けた環境を整備。また，中小企業基盤整備機構や産業革新投資機構等の出資機能を強化する。

③では，オープンイノベーションを促すための税制措置を拡充[5]。公募増資ルールを見直し，大企業によるスタートアップのM&A（合併・買収）も促す。

[1] スタートアップ＝新興成長企業。

[2] オープンイノベーション＝社外のリソースを柔軟に活用した技術革新。

[3] ユニコーン＝時価総額1000億円超の未上場企業。

[4] 正式名称は，研究大学で「1大学につき50社起業し，1社はエグジットを目指そう」という運動。スタートアップのエグジット（出口戦略）の手法はIPO（新規株式公開）やM&A。

[5] 令和4年度と5年度の税制改正で拡充。

出る文

➡ 2022年，政府はスタートアップ育成5か年計画を決定し，起業を加速させ，大企業のオープンイノベーションを推進するとした。

➡ スタートアップ育成5か年計画は，スタートアップへの投資額を2027年度までに10兆円規模に拡大することを目標としている。

4

経済政策

経済対策

岸田内閣は2023年11月に経済対策を決定。30年続いてきたデフレからの脱却を図る！

◇デフレ完全脱却のための総合経済対策

2023年11月，政府は「デフレ完全脱却のための総合経済対策」を決定❶。日本経済を新しい経済ステージへと移行させるための取組みを集中的に行うとした。

経済対策の柱は，①物価高から国民生活を守る，②持続的賃上げ，所得向上，地方の成長の実現，③成長力に資する国内投資の促進，④人口減少を乗り越える社会改革の起動・推進，⑤国民の安全・安心の確保，の5つ。予算措置に加え，税制や制度・規制改革も総動員する。

◇総合経済対策の具体策

経済対策の目玉は，1人当たり4万円（所得税3万円，個人住民税1万円）の定額減税❷。加えて，住民税非課税世帯には1世帯当たり7万円を支給する❸。

燃料油価格の激変緩和措置（補助金を石油元売り会社に支給）は2024年4月末まで継続。電気・ガス料金の激変緩和措置（料金の一部を国が負担）も2024年4月末まで継続し，5月にも規模を縮小して実施する。

パート労働者等が働く時間を抑える「年収の壁」にも対応❹。2023年9月策定の「年収の壁・支援強化パッケージ」を実施する。賃上げ促進税制も強化。また，イノベーションボックス税制（特許権等の知的財産から生じる所得を優遇）も創設する。

そのほか，半導体等の国内生産拠点整備を支援。「宇宙戦略基金」の創設など，宇宙政策も強化する。

❶減税分を含めた規模は17兆円前半程度。関連経費13.1兆円を令和5年度一般会計補正予算に計上 (p.68)。

❷納税者だけでなく，扶養家族も対象。2024年6月に実施。

❸2023年内から2024年初にかけて支給。

❹「年収の壁」とは，パート労働者等の収入が一定額以上になると，社会保険料の負担が生じて手取り収入が減ること。「106万円の壁」「130万円の壁」等がある。

4

経済政策

出る文

➡ 2023年11月，政府は「デフレ完全脱却のための総合経済対策」を決定した。

➡ 2023年11月の経済対策は，1人当たり4万円の定額減税や住民税非課税世帯への7万円の支給を盛り込んだ。

経済安全保障

出題可能性 ★ ★

岸田内閣の目玉政策。きちんと把握して，試験対策上の安全も確保！

◇経済安全保障推進法

今や経済・技術分野でも安全保障が求められる時代。国家や国民の安全を経済面から確保することは重要な政策課題となっている。コロナ禍はグローバル化したサプライチェーン（供給網）のもろさを露呈。加えて，基幹インフラへのサイバー攻撃等の脅威も増大し，先端技術をめぐる各国の覇権争いも激化している。

2022年，**経済安全保障推進法が成立❶**。日本も経済安全保障の確保に向けた重要な一歩を踏み出した。

◇経済安全保障の確保

経済安全保障推進法の柱は以下の4つ。

①**重要物資の安定供給の確保**：半導体や医薬品などを「特定重要物資」に指定。安定供給を図るため，企業の調達先などを国が調査できるようにする。財政支援等も行い，サプライチェーンを強靭化する。

②**基幹インフラの安定提供の確保**：電気，通信，金融といった基幹インフラの重要設備やシステムについて，事前の安全審査制度を創設。サイバー攻撃等を防ぐ。

③**重要先端技術の開発支援**：宇宙・海洋・量子・AI等の先端分野の重要技術について官民協議会を設置。官民一体となって研究開発を進める❷。

④**特許出願の非公開制度**：安全保障にとって重要な発明については，公開や流出を防止。特許出願を非公開とする制度を導入する。

❶2022年5月から6か月〜2年以内に段階的に施行。なお，2022年8月には内閣府に「経済安全保障推進室」が設置された。

❷国は民間企業に対し，研究開発に必要な情報提供や資金支援を行う。

半導体支援法

2022年施行。助成金を支給し，先端半導体の国内での工場建設を支援する。

重要土地調査法

2022年全面施行。国境離島や防衛関係施設等の機能を阻害する土地利用を阻止するため，国が必要な調査や利用規制を行う。

出る文

→ 2022年の経済安全保障推進法は，重要物資の安定供給や基幹インフラの安定提供を確保するための制度を定めた。

→ 経済安全保障推進法は，官民一体での重要技術の研究開発や特許非公開制度の整備を定めた。

農業

安全保障は食料でも不可欠。拡大を続ける農林水産物・食品の輸出にも着目！

◇食料安全保障

世界的な食料の需要増加や国際情勢の不安定化により，食料の安定供給に関するリスクが増大。食料供給の多くを海外に依存している日本では，食料安全保障の強化が最重要課題となっている❶。

2022年，政府は**食料安全保障強化対策大綱を決定**。食料生産に不可欠な肥料・飼料の国内資源での代替，輸入原材料の国産化，海外依存度の高い農作物の国内生産拡大等を重点対策に位置づけた❷。

大綱は2030年までの数値目標も設定。たとえば，海外依存度の高い化学肥料の使用量を20％低減する。堆肥・下水汚泥資源の使用量を倍増し，肥料に占める国内資源の利用割合を40％に拡大。小麦・大豆・飼料作物・米粉用米等の国内生産面積も拡大する。

◇輸出の拡大

2022年の農林水産物・食品の輸出額は1兆4148億円（前年比14.3％増）。10年連続で過去最高を更新した。これを2025年までに2兆円，2030年までに5兆円とするのが政府目標だ。

2022年，改正農林水産物・食品輸出促進法が成立（同年10月施行）。国が「品目団体」を認定する制度を創設した。牛肉やコメなど品目ごとに，生産から販売までの関係者が一体となって輸出促進を図る法人だ。「オールジャパン」で各品目を海外に売り込む。

❶2022年度の食料自給率は，カロリー（供給熱量）ベースで38％（前年度と同じ）。生産額ベースでは58％（前年度より5ポイント低下）。政府は2030年度にカロリーベースで45％，生産額ベースで75％に引き上げることを目指している。

❷大綱は，食料安全保障の強化に加え，スマート農林水産業等による成長産業化，農林水産物・食品の輸出促進，農林水産業のグリーン化を農林水産政策の4本柱に据えた。

4

経済政策

出る文

➡ 食料安全保障強化対策大綱は，肥料・飼料の国内資源への代替や海外依存度の高い農作物の国内生産拡大などを打ち出した。

➡ 政府は，農林水産物・食品の輸出額を2025年までに2兆円，2030年までに5兆円とする目標を掲げている。

観光政策

政府は「成長戦略の柱，地域活性化の切り札」に位置づけ。公務員試験でも切り札となる！

◇2022年の観光の動き

訪日外国人旅行者数は，2019年までは7年連続で過去最高を更新。2019年には3188万人に達した❶。だが，コロナ禍で世界的に観光需要が激減。訪日外国人旅行者数は2020年に412万人に減少し，2021年にはさらに25万人にまで落ち込んだ。

2022年の訪日外国人旅行者数は383万人❷。6月に外国人観光客の受入れを再開し，10月に水際措置を大幅に緩和（入国者数の上限撤廃，個人旅行の解禁，ビザなし渡航の解禁等）したことから，前年より大きく増加した。とはいえ，2019年比では88%の減少だった。

2022年の訪日外国人旅行者による日本国内での消費額（インバウンド消費）は8987億円。前年（1208億円）より増えたが，2019年（4兆8135億円）に比べると81.3%の減少となった。

◇観光立国推進基本計画

2023年3月，政府は新たな**観光立国推進基本計画を決定**❸。コロナ禍を経て，持続可能な形での観光立国の復活を目指すとしている。「持続可能な観光」「消費額拡大」「地方誘客促進」の3つがキーワードだ。

第1の基本方針は持続可能な観光地域づくり。地域の自然・文化の保全と観光を両立させ，地域住民に配慮した「住んでよし，訪れてよし」の持続可能な観光地域づくりを進める。また観光産業の収益力・生産性を向上させ，「稼げる地域・稼げる産業」を実現。観光振興が地域社会・経済に好循環を生む仕組みづくりを全国で展開する。2025年までの目標は「持続可能な観光地域づくりに取り組む地域数100地域」だ。

第2の基本方針はインバウンド回復。消費額の拡大や地方誘客の促進を重視しつつ，**「訪日外国人旅行消費額5兆円」の早期達成**を目指す❹。2025年までの目標は「訪日外国人旅行消費額単価20万円／人」「訪日外国人

❶以下の数値は，『令和5年版観光白書』による。

❷一方，2022年の出国日本人数は277.2万人。前年（51万人）より増えたが，2019年（2008万人）比では86.2%の減少。

❸観光立国推進基本法に基づき策定。今回の計画は第4次計画（対象は2023～2025年度）。

❹特別な体験の提供，特別感のあるイベントの全国各地での実施，観光消費の旺盛な高付加価値旅行者の地方誘客，高付加価値なコンテンツの充実などに取り組む。

❺新たな国内交流を開拓するため，テレワークを活用したワーケーション（workとvacationの造語）の普及や「何度も地域に通う旅，帰る旅」を定着させる「第2のふるさとづくり」などに取り組む。

旅行者1人当たり地方部宿泊数2泊」「訪日外国人旅行者数の2019年水準超え」「日本人の海外旅行者数の2019年水準超え」「アジア主要国における国際会議の開催件数に占める割合をアジア最大に（3割以上）」の5つだ。

第3の基本方針は国内交流拡大。国内旅行の実施率向上や滞在長期化を図る。また季節等で偏る国内旅行需要を平準化❺。「国内旅行消費額20兆円」の早期達成を目指す❻。2025年までの目標は「日本人の地方部延べ宿泊者数3.2億人泊」だ❼。

◇新時代のインバウンド拡大アクションプラン

2023年5月，政府は新時代のインバウンド拡大アクションプランを策定。外国人観光客の呼び込みにとどまらず，①ビジネス，②教育・研究，③文化芸術・スポーツ・自然の3分野での人的交流を拡大させ，インバウンドの着実な拡大を図るとした。

アクションプランは，合計約80の具体策を列挙。①では，投資拡大の機会をとらえたビジネス交流の促進や，国際会議・国際見本市などの積極的な開催・誘致等を図る。②では，世界トップレベルの研究人材の交流促進や，留学生等の積極的な受入れ等を実施。③では，ビジネスの観点を取り入れ，文化芸術の国際発信を強化し，スポーツ産業の拡大に向けた施策を展開する。自然体験を楽しむ取組みも全国各地でつくり出すとした。

❻「国内旅行消費額」については，「2025年までに22兆円」との目標も設定している。

❼地方部とは，三大都市圏（埼玉県，千葉県，東京都，神奈川県，愛知県，京都府，大阪府，兵庫県）以外の地域。

4 経済政策

✎ オーバーツーリズム

観光客が集中する地域や時間帯で，過度の混雑やマナー違反等により，地域住民の生活に悪影響が出たり，旅行者の満足度を低下させたりする状況が生じていること。2023年10月，政府は「オーバーツーリズムの未然防止・抑制に向けた対策パッケージ」を策定した。

出る文

➡ 2022年に日本を訪れた外国人旅行者数は，前年より大幅に増加して383万人に達したが，2019年に比べると9割近い減少となった。

➡ 2023年の観光立国推進基本計画の基本方針は，持続可能な観光地域づくり，インバウンド回復，国内交流拡大の3つである。

➡ 2023年の観光立国推進基本計画は「訪日外国人旅行消費額5兆円」「国内旅行消費額20兆円」の早期達成を目指している。

➡ 2023年，政府はインバウンドの着実な拡大を図るため，新時代のインバウンド拡大アクションプランを策定した。

EPA／FTA

公務員試験では定番テーマ。RCEPの発効を祝って１問！

FTA（**自由貿易協定**）とは，特定の国・地域の間で，相互に物品の関税を削減・撤廃したり，サービス貿易の障壁を取り除いたりして，貿易の拡大を図る取り決め。FTAに加え，投資，人の移動，知的財産の保護，競争政策のルールづくり，さまざまな分野での協力など，経済全般の連携強化を目指す総合的な協定が**EPA（経済連携協定）**だ。

2023年末現在，**日本の署名・発効済みのEPA／FTAの数は21にのぼっている**❶。

◇日本のEPAの締結状況

日本が初めてEPAを締結した相手はシンガポール（2002年）。その後も，日本はASEAN 7か国との間で次々とEPAを締結し，さらにASEAN全体とも2008年に「日ASEAN包括的経済連携協定」を発効させた❷。

このほか，日本は中南米3か国（メキシコ，チリ，ペルー）や，スイス，オーストラリアとEPAを締結。アジア地域では，インドやモンゴルとのEPAが発効済みだ。

2019年にはEUとのEPAが発効。物品市場アクセスの改善，サービス貿易・投資の自由化，国有企業・知的財産・規制協力におけるルールの構築等を含む幅広い協定だ。世界最大級の自由な先進経済圏となっている。

さらに2020年，日本はEUを離脱したイギリスとのEPAにも署名。EUとのEPAをベースとした内容で，**日英EPAは2021年1月に発効した**❸。

◇TPP／CPTPP

TPP（環太平洋パートナーシップ）協定は，アジア太平洋の国々による広域経済連携協定。モノの関税の削減・撤廃だけでなく，サービスや投資の自由化も進め，さらに知的財産，金融サービス，電子商取引，国有企業，労働，環境など幅広い分野で「21世紀型のルール」を構築する協定だ。

4

経済政策

---

❶2022年3月末時点で署名・発効済みのEPA／FTAの相手国・地域との貿易が2022年の貿易総額に占める割合は，77%（『通商白書2023』）。

❷二国間EPA締結国は，シンガポール，マレーシア，タイ，インドネシア，ブルネイ，フィリピン，ベトナム。

❸追加的に鉄道車両・自動車部品等の品目で市場アクセスを改善したほか，電子商取引，金融サービス等の分野では，日EU・EPAよりも先進的かつハイレベルなルールを定めた。

❹シンガポール，ニュージーランド，チリ，ブルネイ，オーストラリア，ペルー，ベトナム，マレーシア，メキシコ，カナダ，日本，アメリカの12か国。

✎ 日米貿易協定

TPPから離脱したアメリカとの間では，「日米貿易協定」「日米デジタル貿易協定」が2020年に発効。

交渉参加12か国は2016年にTPP協定に署名❹。だが2017年にアメリカが離脱を表明したため，同協定の発効は絶望的になった。

そこで2018年3月，アメリカを除くTPP参加11か国は，TPP協定の内容を基本的に維持した新協定＝CPTPP（包括的・先進的TPP協定）に署名。**2018年末，CPTPPは発効**に至った。

2023年7月，**CPTPP閣僚会議はイギリスのCPTPPへの加入を正式に承認**。各国の閣僚が加入に関する議定書に署名した。これによりCPTPPはヨーロッパにも広がり，参加国は12か国となる❺。

◇**RCEP**（地域的な包括的経済連携）

2013年，RCEPの交渉がスタート。ASEAN諸国に日本，中国，韓国，オーストラリア，ニュージーランド，インドを加えた16か国が参加した。

2020年，インドを除く15か国によるRCEP首脳会議が開催され，首脳たちは**RCEP**（地域的な包括的経済連携）**協定**に署名。同協定は**2022年1月に発効**した❻。

この15か国が占めるのは，世界の人口，GDP，貿易総額の約3割。世界最大規模の自由貿易圏が誕生した。日本にとっては，**中国や韓国との初めての経済連携協定**となる。

加えて，RCEPは関税削減・撤廃だけでなく，知的財産や電子商取引等のルールを整備。地域の貿易・投資の促進やサプライチェーンの効率化が期待される。

❺2023年末現在，中国，台湾，エクアドル，コスタリカ，ウルグアイ，ウクライナが加入申請中。

❻RCEP参加国全体での関税撤廃率は91%（品目数ベース）。

🖊**IPEF（アイペフ；インド太平洋経済枠組み）**

アメリカのバイデン大統領の提唱による新たな経済圏構想。参加国は14（アメリカ，日本，インド，オーストラリア，ニュージーランド，韓国，ASEAN7か国，フィジー）。

2023年11月の首脳会合は，「サプライチェーン」を強化する協定に署名。「クリーン経済」と「公正な経済」の分野で実質合意した。

4 経済政策

出る文

➡ 2023年末現在，日本の署名・発効済みのEPA／FTAの数は21となっている。

➡ 日本は2019年にEUとのEPAを発効させ，2021年にはイギリスとのEPAを発効させた。

➡ 2023年，CPTPP（包括的・先進的環太平洋パートナーシップ協定）はイギリスの加入を正式に承認した。

➡ 2022年，ASEAN諸国に日本や中国など5か国を加えた15か国が署名したRCEP（地域的な包括的経済連携）協定が発効した。

金融政策

2023年4月に日銀総裁が交代。記念出題に警戒！

◇金融政策の枠組み

2016年9月以降，日本銀行（日銀）は「**長短金利操作付き量的・質的金融緩和**」を実施。「長短金利操作」と「オーバーシュート型コミットメント」の2つからなる金融政策のことだ❶。

「**長短金利操作**」とは，金融市場調節の操作目標として短期金利と長期金利をともに操作すること。中央銀行が長期金利を操作するのは世界でも異例といえる。

短期金利については，民間金融機関が保有する日銀当座預金の一部に**マイナス金利（−0.1％）を適用**❷。長期金利については，**10年物国債金利が0％程度で推移するように長期国債の買入れを実施**してきた❸。

一方，「**オーバーシュート型コミットメント**」とは，消費者物価指数（除く生鮮食品）の前年比上昇率の実績値が安定的に2％の「**物価安定の目標**」を超えるまで，マネタリーベース（日銀が供給する通貨）の拡大方針を継続するとのコミットメント（約束）。時間軸についての表現を強め，予想物価上昇率の引き上げをねらう。

◇金融市場調節方針の修正

日銀は，金融政策の運営を審議・決定する「金融政策決定会合」を年に8回開催。そのときどきの経済・物価・金融情勢に応じ，長短金利操作の方針などの金融市場調節方針を修正してきた❹。

2020年4月の会合では，コロナの感染拡大に対応するため，「金融緩和の強化」を決定。「国債のさらなる積極的な買入れ」等を行うとした。このため，長期金利操作の方針を変更。**長期国債の買入れ額の上限を撤廃して上限を設けず必要な金額の買入れを行う**とした。

2021年3月の会合では，「より効果的で持続的な金融緩和を実施していくための点検」を実施。点検の結果，金融政策の一部を修正することを決定した。

長短金利操作については，柔軟に運営するため，**長期**

❶長短金利操作は「イールドカーブ・コントロール（YCC）」とも呼ばれる。イールドカーブとは，債券の「残存期間（償還までの期間）」と「利回り（金利）」との関係を表す曲線。

❷金利は3段階（0.1％，0％，−0.1％）で設定。マイナス金利だと，金融機関が日銀に資金を預けても利子がつかず，かえって手数料を取られるため，企業などへの貸出を促す効果が期待できる。

❸日銀は，長期国債のほか，ETF，J-REIT，社債等の買入れも行っている。ETF＝指数連動型上場投資信託。J-REIT＝日本版不動産投資信託。

❹2018年7月の会合では，政策金利の「フォワードガイダンス（中央銀行が将来の政策方針を前もって明らかにすること）」を導入した。

4

経済政策

金利について許容する変動幅を±0.25%程度とすることを明確化。同時に、「連続指値オペ制度」を導入した。指値オペとは、特定の利回りを指定して国債を無制限に買い入れるオペレーション（公開市場操作）。これを一定期間、連続して行うのが「連続指値オペ」で、長期金利の上昇をより強く抑えることをねらう。

2022年4月の会合では、長短金利操作の方針に「連続指値オペの運用の明確化」を追加。10年物国債金利について0.25%の利回りでの「指値オペ」を原則として毎営業日実施すると表明した。

◇長短金利操作の運用の見直し

その後も日銀は、長期金利を0%程度とする目標は維持しつつ、長短金利操作の運用を見直し。長期金利操作を柔軟に運用できるよう改めてきた。

2022年12月の会合では、長期金利について許容する変動幅を従来の±0.25%程度から±0.5%程度に拡大❺。2023年7月の会合では、長短金利操作をより柔軟に運用するため、長期金利の変動幅について「±0.5%程度」を「目途」とするとした（「±0.5%程度」を一定程度超えても容認）❻。

2023年10月の会合では、長期金利の上限について「1.0%」を「目途」とすると決定（上限が1.0%を一定程度超えても容認）❼。さらに柔軟に運用するとした。

✏️ **日銀総裁**

2023年4月、日銀総裁が黒田東彦氏から経済学者の植田和男氏に交代。交代は10年ぶり。

❺10年物国債金利について「0.5%」の利回りでの指値オペを原則として毎営業日実施するとした。

❻10年物国債金利について「1.0%」の利回りでの指値オペを原則として毎営業日実施するとした。

❼指値オペは、毎営業日ではなく、機動的に実施する（利回りも金利の実勢等を踏まえて適宜決定する）とした。

4

経済政策

出る文

➡ 2016年9月以降、日銀は「長短金利操作付き量的・質的金融緩和」を実施してきた。

➡ 日銀は2020年4月、10年物国債金利が0%程度で推移するよう、上限を設けず必要な金額の長期国債の買入れを行うとした。

➡ 日銀は2022年12月、長期金利について許容する変動幅を従来の±0.25%程度から±0.5%程度に拡大するとした。

➡ 日銀は2023年10月、長期金利の上限について1.0%程度を目途とするとし、長短金利操作の運用をさらに柔軟化した。

経済政策の出る文穴埋めチェック

❶政府は，（　　　）による能力向上支援，職務給の導入，成長分野への労働移動の円滑化を三位一体で進める方針を打ち出した。　→p.52

❷資産所得倍増プランは，（　　　）の恒久化・抜本的拡充やiDeCoの加入可能年齢引き上げなどを盛り込んだ。　→p.53

❸2023年11月の経済対策は，1人当たり4万円の（　　　）や住民税非課税世帯への7万円の支給を盛り込んだ。　→p.55

❹2022年の（　　　）推進法は，重要物資の安定供給や基幹インフラの安定提供を確保するための制度を定めた。　→p.56

❺政府は，農林水産物・食品の輸出額を2025年までに2兆円，2030年までに（　　　）兆円とする目標を掲げている。　→p.57

❻2023年の観光立国推進基本計画は「訪日外国人旅行消費額（　　　）兆円」「国内旅行消費額20兆円」の早期達成を目指している。　→p.59

❼2023年，政府は（　　　）の着実な拡大を図るため，新時代の（　　　）拡大アクションプランを策定した。　→p.59

❽2023年，CPTPP（包括的・先進的環太平洋パートナーシップ協定）は（　　　）の加入を正式に承認した。　→p.61

❾2022年，ASEAN諸国に日本や中国など5か国を加えた15か国が署名した（　　　）（地域的な包括的経済連携）協定が発効した。　→p.61

❿日銀は2023年10月，長期金利の上限について（　　　）％程度を目途とするとし，長短金利操作の運用をさらに柔軟化した。　→p.63

解　答

❶リ・スキリング：政府は「三位一体の労働市場改革」と呼んでいる。

❷NISA：NISAの拡充・恒久化は令和5年度税制改正に盛り込まれた。

❸定額減税：燃料油価格や電気・ガス料金の激変緩和対策も継続。

❹経済安全保障：同法は，官民一体となった重要技術の研究開発推進や特許非公開制度の整備も定めた。

❺5：2022年の輸出額は1.4兆円で過去最高を更新。

❻5：目標達成の具体的年限は設定しなかった。

❼インバウンド：ビジネスや教育・研究等での人的交流を拡大する。

❽イギリス：日本は2021年にイギリスとのEPAも発効させている。

❾RCEP：当初はインドが交渉に参加していたが，途中で離脱した。

❿1.0：長期金利の誘導目標については0％程度を維持。

第5章

財　政

一般会計当初予算

出題可能性 ★ ★ ★

一般会計当初予算は最頻出。歳出内訳だけでなく，歳入内訳にも注目！

令和5年度の一般会計当初予算の規模は114兆3812億円。前年度当初予算に比べ，6兆7848億円（6.3%）も増加し，11年連続で過去最大を更新した。

◆一般会計歳出

令和5年度一般会計歳出の経費別内訳は次のとおり。

	金額	構成比	増減額
一般歳出	72兆7317億円	63.6%	5兆3571億円
社会保障関係費	36兆8889億円	32.3%	6154億円
文教及び科学振興費	5兆4158億円	4.7%	257億円
科学振興費	1兆3942億円	1.2%	154億円
防衛関係費	10兆1686億円	8.9%	4兆7999億円
下記繰入れ除く	6兆7880億円	5.9%	1兆4192億円
防衛力強化資金繰入れ	3兆3806億円	3.0%	3兆3806億円
公共事業関係費	6兆 600億円	5.3%	26億円
コロナ対策等予備費	4兆0000億円	3.5%	▲1兆0000億円
ウクライナ対応予備費	1兆0000億円	0.9%	1兆0000億円
予備費	5000億円	0.4%	―
国債費	25兆2503億円	22.1%	9111億円
地方交付税交付金等	16兆3992億円	14.3%	5166億円

（増減額は前年度当初予算との差，▲は減少を表す）

国の政策を実施するための経費である一般歳出も増加❶。防衛費が大きく増えた。

一般歳出に占める割合で最大なのは社会保障関係費❷。36.9兆円に及び，一般歳出の半分以上（50.7%），歳出全体の3分の1弱（32.3%）を占めている。

防衛関係費（防衛力強化資金への繰入れを除く）は過去最大の6.8兆円❸。社会保障関係費に次ぐ規模となった。また，科学技術振興費も過去最大で1.4兆円。このほか，「新型コロナウイルス感染症及び原油価格・物価高騰対策予備費」と「ウクライナ情勢経済緊急対応予備費」が合計で5兆円計上された。

❶一般歳出は，歳出総額から国債費と地方交付税交付金等を除いた経費。

❷社会保障関係費については，実質的な伸びを高齢化による増加分に収めるという「目安」を達成（p.71参照）。

❸防衛力強化資金は，税外収入等を防衛費の増額の一部に充てるために新設された（p.21参照）。

国債費は3年連続で増加❹。元本返済分である「債務償還費」も「利払い費」も増え、過去最大となった。

❹国債費は、国債の元本返済や利子の支払いに充てられる経費。
　国債費のうち、利払い費（利子及び割引料）は8兆4723億円で、前年より2250億円増加。

◇一般会計歳入

令和5年度一般会計歳入の内訳は次のとおり。

		金額	構成比	増減額
税収		69兆4400億円	60.7%	4兆2050億円
	うち消費税	23兆3840億円	20.4%	1兆8110億円
	うち所得税	21兆480億円	18.4%	6660億円
	うち法人税	14兆6020億円	12.8%	1兆2660億円
その他収入		9兆3182億円	8.1%	3兆8828億円
公債金		35兆6230億円	31.1%	▲1兆3030億円
	うち建設公債	6兆5580億円	5.7%	3070億円
	うち赤字公債	29兆650億円	25.4%	▲1兆6100億円

（増減額は前年度当初予算との差）

令和5年度一般会計歳入における税収見込みは69.4兆円。消費税、所得税、法人税のすべてが増え、過去最大額が見込まれている。税収がまかなうのは歳出全体の6割程度。税収内訳では、消費税が23.4兆円と最大の税目となっている。

税収増により、**公債金収入（新規国債発行額）は減額**。前年度より1.3兆円減少し、35.6兆円となった。公債金収入が歳入総額に占める割合を示す**公債依存度**は**31.1%**。前年度当初予算時（34.3%）に比べ、2年連続で低下した。

5
財政

✎ **財政投融資**

令和5年度財政投融資計画（当初）の規模は16兆2687億円。前年度（18兆8855億円）に比べ13.9%減少した。

➡ 令和5年度一般会計当初予算は11年連続で過去最大を更新し、114.4兆円となった。

➡ 令和5年度一般会計当初予算の一般歳出で最大なのは社会保障関係費で、一般歳出の半分以上、歳出全体の3分の1弱を占める。

➡ 令和5年度一般会計当初予算の歳入では、税収が大きく増加して69.4兆円と過去最大となり、歳出全体の6割程度をまかなっている。

➡ 令和5年度の一般会計当初予算における新規国債発行額は35.6兆円となり、公債依存度は31.1%に低下した。

一般会計補正予算

出題可能性 ★ ★

令和5年度，政府は補正予算を編成。補正後の一般会計予算の姿にも注意！

◇令和5年度一般会計補正予算

2023年11月，岸田内閣は，**令和5年度一般会計補正予算**を編成。同月に成立させた。

同予算は，11月に策定した「デフレ完全脱却のための総合経済対策（p.55）」を実施するための経費などを計上。**総額は13兆1992億円**にのぼった。

◇令和5年度一般会計補正予算の歳出・歳入

歳出では，**経済対策関係経費が13兆1272億円**。このうち，①「物価高から国民を守る」に2兆7363億円，②「持続的賃上げ，所得向上，地方の成長の実現」に1兆3303億円，③「成長力強化に資する国内投資の促進」に3兆4375億円，④「人口減少を乗り越える社会改革の起動・推進」に1兆3403億円，⑤「国民の安全・安心の確保」に4兆2827億円が充てられた。

このほか，防衛力強化資金繰入れや地方交付税交付金等を計上。一方，当初予算に計上した既定経費や2つの予備費を減額した❶。

歳入では，税収増の見込みが1710億円。加えて，税外収入の増加分や前年度の剰余金も活用する。さらに**国債を追加で8兆8750億円発行**❷。7割近くを国債でまかなう形となった。

当初予算と補正予算を合わせた**令和5年度一般会計予算の規模は127兆5804億円**。新規国債発行額は44兆4980億円で，**公債依存度は34.9%**となった。

❶なお，「新型コロナウイルス感染症及び原油価格・物価高騰対策予備費」については，使途を変更し，「原油価格・物価高騰対策及び賃上げ促進環境整備対応予備費」に改めた。

❷内訳は，建設国債2兆5100億円，赤字国債6兆3650億円。

出る文

➡ 当初予算と13.2兆円の補正予算を合わせた令和5年度一般会計予算の規模は127.6兆円に達した。

➡ 補正後の令和5年度一般会計予算における新規国債発行額は44.5兆円にのぼり，公債依存度は34.9%となった。

5 財政

令和5年度税制改正

毎年の税制改正も重要テーマ。令和5年度改正の注目はNISA制度！

◇個人所得課税

　個人所得課税ではNISA（ニーサ）制度を恒久化❶。口座開設可能期間を恒久化し，非課税保有期間も無期限化する。

　加えて，NISA制度を抜本的に拡充。「つみたて投資枠」（一定の投資信託を対象とする長期・積立・分散投資の枠）の年間投資上限額を120万円に引き上げる。「成長投資枠」（株式等にも投資可能）の年間投資上限額も240万円に引き上げ。さらに，「つみたて投資枠」と「成長投資枠」は併用可能とする❷。ただし，生涯の非課税保有限度額は1800万円。うち，「成長投資枠」分は1200万円とする。

◇資産課税

　資産課税では贈与税を見直し。暦年課税については，贈与された財産を相続財産に加算する期間を相続開始前「3年間」から「7年間」に延長。ただし，延長した4年間に受けた贈与のうち100万円までは，相続財産に加算しないこととする。

　相続時精算課税制度についても，110万円の基礎控除を創設。事務負担を軽減し，利用を促す❸。

◇消費課税

　2023年10月のインボイス制度の導入にあたり，小規模事業者については納税額を3年間軽減❹。また，一定規模以下の事業者の事務負担を6年間軽減する。

❶p.53参照。新しいNISA制度は2024年1月から実施。

❷改正前の年間投資上限額は，つみたてNISA（つみたて投資枠に相当）が40万円，一般NISA（成長投資枠に相当）が120万円で，両者は併用できなかった。

❸2024年から改正。
　暦年課税では，110万円を超える贈与に累進税率で課税。相続時精算課税制度では，贈与時に2500万円まで非課税（相続時に贈与財産と相続財産の合計額に相続税を課す）。

❹インボイス制度とは，税率や税額などを記載する請求書を利用する消費税の仕入税額控除の方式。

5

財政

出る文

➡ 令和5年度税制改正は，NISA制度を恒久化し，年間投資上限額の引き上げなど，NISA制度を抜本的に拡充する内容を盛り込んだ。

➡ 令和5年度税制改正は，暦年課税について，贈与された財産を相続財産に加算する期間を相続開始前3年間から7年間に延長した。

政府の債務

債務残高は毎年増加。日本の将来を考えるうえでも，大まかな数値の把握は不可欠！

◇債務残高

政府債務残高は財政赤字の積み重ね。心配なことに，増加の一途をたどっている。

令和5年度末の国債残高は，建設国債が約294兆円，赤字国債（特例国債）が約769兆円に達する見込み。これらに平成23年度から発行されている復興債の残高も合わせた「**普通国債の残高」は1068兆円程度**にもなる。

また，国には国債のほかにも，さまざまな特別会計における借入金などがある。これらを加えた「国の長期債務残高」は，5年度末には1097兆円程度にのぼる。

借金をしているのは国だけではない。国の債務に地方自治体分（183兆円程度）を加えた「**国と地方の長期債務残高」は5年度末にはおよそ1280兆円**。名目GDPの2倍以上（218%）に及ぶ膨大な借金だ❶。

◇国債の保有者

近年，量的・質的金融緩和により日銀は国債を大量に購入。**日銀の国債保有残高は大きく増加している**。2022年末には，日銀が保有する国債等（＝国債及び国庫短期証券）は554.6兆円にのぼった❷。

国債等の保有者内訳でも，保有割合が最も高いのは日銀❸。日銀の保有割合は，2012年の1割程度から**2022年には約46%**となった。一方，銀行等の割合は4割弱から約15%にまで低下。両者の位置づけが逆転した。

❶以上の数値は，財務省「日本の財政関係資料」（2023年10月）による。

❷以下，財務省『債務管理レポート2023』による。

❸国債等の保有者内訳

保有者	構成比
日銀	46.3%
銀行等	14.6%
生損保等	17.0%
公的年金	3.7%
年金基金	2.5%
家計	1.1%
海外	13.8%

（2022年12月末速報値）

出る文

➡ 令和5年度末の国と地方の長期債務残高は，名目GDPの2倍以上の1280兆円にのぼる見込みである。

➡ 2022年末の国債等の保有者内訳を見ると，日銀の占める割合は約46%に達した。

5 財政

財政健全化

出題可能性 ★

政府は財政健全化目標に取り組むと表明。予算編成の目安にも留意！

◇財政健全化目標

2018年，政府は2025年度までの**「新経済・財政再生計画」を策定**。次の2つの財政健全化目標を設定した。

①経済再生と財政健全化に着実に取り組み，**2025年度の国・地方を合わせたプライマリーバランス黒字化**を目指す❶。②同時に，債務残高対GDP比の安定的な引き下げを目指す。

2023年6月，政府は「**骨太方針2023（経済財政運営と改革の基本方針2023）**」において，「財政健全化の『旗』を下ろさず，これまでの財政健全化目標に取り組む」と表明。ただし，「経済あっての財政であり，現行の目標年度により，状況に応じたマクロ経済政策の選択肢が歪められてはならない」との留保も書き入れ，「状況に応じ必要な検証を行っていく」とした❷。

❶プライマリーバランス（基礎的財政収支）とは，「税収・税外収入」から「国債費を除く歳出（＝基礎的財政収支対象経費）」を差し引いた財政収支。

❷「中期的な経済財政の枠組み」の策定に向け，経済・財政一体改革の進捗について2024年度に点検・検証を行うとしている。

◇歳出の目安

2021年の「骨太方針2021」は，2022～2024年度の3年間の予算について，2019～2021年度の予算と同様，**3つの「目安」を設定**。歳出改革努力を継続するとした。

①社会保障関係費については，実質的な増加を高齢化による増加分に相当する伸びに収めることを目指す。②社会保障関係費以外については，これまでの歳出改革の取組みを継続する。③地方の一般財源の総額については，2021年度地方財政計画の水準を下回らないよう実質的に同水準を確保する，の3つだ。

出る文

➡財政健全化目標とは，2025年度の国・地方を合わせたプライマリーバランスの黒字化と債務残高対GDP比の安定的な引き下げである。

➡政府は「骨太方針2023」で，「これまでの財政健全化目標に取り組む」ことを表明した。

財政赤字の国際比較

出題可能性 ★ ★

日本の財政赤字の深刻さを見る重要な視点。図表問題にも注意！

日本の財政赤字は深刻な状況。日本と主要先進国の財政赤字を比較すると，日本は収支で見ても，債務残高で見ても，悪い水準にある[❶]。

◇財政収支の国際比較

近年の**一般府の財政収支の対GDP比**は次の表のとおり[❷]。

年	日本	アメリカ	イギリス	ドイツ	フランス	イタリア
2020	▲8.8	▲15.0	▲13.1	▲4.3	▲9.0	▲9.7
2021	▲5.8	▲12.1	▲8.0	▲3.7	▲6.5	▲9.0
2022	▲5.6	▲ 4.2	▲5.2	▲2.6	▲4.7	▲8.0

(単位：%，▲は赤字)

2020年には，コロナ対策で各国とも財政赤字が大きく拡大。2021年以降も赤字となっている。

◇債務残高の国際比較

次の表は，近年の**一般政府の債務残高の対GDP比**。

年	日本	アメリカ	イギリス	ドイツ	フランス	イタリア
2020	258.7	133.5	105.6	68.0	114.7	154.9
2021	255.4	126.4	108.1	68.6	112.6	149.8
2022	261.3	121.7	102.6	66.5	111.1	144.7

(単位：%)

この指標では，日本は主要先進国のなかで**最悪の水準**。しかも，極端に悪い水準にある。

[❶]以下の数値は，財務省「日本の財政関係資料」(2023年10月)による。

[❷]一般政府とは，中央政府，地方政府，社会保障基金を合わせたもの。

出る文

➡ 主要先進国の財政収支赤字の対GDP比は，2020年にはコロナ対策で各国とも大きく拡大した。

➡ 政府債務残高の対GDP比では，日本は主要先進国のなかで最悪の水準にある。

税の国際比較

出題可能性 ★ ★

税の国際比較も忘れてはならないテーマ。注目は法人実効税率！

◇法人実効税率

日本の法人実効税率は29.74%❶。主要先進国との比較では、ドイツと同程度で、その他の先進国より高い水準にある。

2021年、OECD（経済協力開発機構）加盟国を含む136か国・地域は、グローバル・ミニマム課税の導入（法人税の最低税率を15%とする）に合意❷。法人税率の引き下げ競争に歯止めがかかることになった。

法人実効税率	
日本	29.74%
ドイツ	29.93%
アメリカ	27.98%
カナダ	26.50%
フランス	25.00%
イタリア	24.00%
イギリス	19.00%

(2023年1月)

❶法人実効税率とは、法人税等（国税・地方税を含む）の法人所得に対する比率。

以下の数値は2023年の財務省資料による。

◇租税負担率

2023年度（令和5年度）予算ベースで見た日本の租税負担率は28.1%❸。2020年時点の国際比較では、日本はアメリカに次いで低い水準にある。

これに対し、高負担高福祉で有名なスウェーデンの租税負担率はやはり高水準。所得の半分程度になっている。

租税負担率	
日本	28.2%
アメリカ	23.8%
ドイツ	30.3%
イギリス	34.3%
フランス	45.0%
スウェーデン	49.5%

(2020年、日本は2020年度)

❷「グローバル・ミニマム課税」とは、一定規模以上の多国籍企業を対象に各国ごとに最低税率15%以上の課税を確保する仕組み。日本は令和5年度税制改正で一部を制度化した。

❸租税負担率とは、租税負担額の国民所得に対する比率。

5
財政

出る文

➡日本の法人実効税率は3割を切る水準にあり、ドイツとは同程度だが、その他の主要先進国よりは高い水準にある。

➡2020年時点の租税負担率を主要先進国と比較すると、日本はアメリカに次いで低い水準にある。

社会保障の給付と負担

出題可能性 ★ ★ ★

国民負担率は頻出データの1つ。国際比較にも注意が必要！

◇社会保障給付費

少子高齢化の進展で**社会保障給付費は年々増加**❶。**2021年度の総額は138兆7433億円にのぼった**❷。前年度比では4.9％増加し，過去最高を更新。対GDP比は25.2％で，前年度より0.61ポイント上昇した。

部門別の内訳は，「年金」が55.8兆円，「医療」が47.4兆円，「福祉その他」が35.5兆円（うち，「介護対策」が11.2兆円）。年金給付が40.2％を占めている。

◇国民負担率

国民負担率とは，国民負担額（租税負担額と社会保障負担額）の国民所得に対する比率。近年は40％台で推移し，**令和5年度の国民負担率は46.8％**となる見通しだ（内訳は，租税負担率28.1％，社会保障負担率18.7％）。

日本の国民負担率❸	
令和元年度	44.3％
2年度	47.9％
3年度	48.1％
4年度	47.5％
5年度	46.8％

また，財政赤字は将来世代への国民負担の先送り。こうした財政赤字を加えた「**潜在的な国民負担率**」は，**令和5年度で53.9％**に跳ね上がる。

2020年時点の国際比較では，日本の国民負担率はアメリカに比べ高水準。イギリスを若干上回っているが，他の先進国よりは低くなっている❹。

❶社会保障給付費は，社会保障制度を通じて国民に給付される金銭またはサービスの合計額。

❷2023年8月発表。

❸令和4年度は実績見込み，5年度は見通し。

❹国民負担率

日本	47.9％
アメリカ	32.3％
イギリス	46.0％
ドイツ	54.0％
スウェーデン	54.5％
フランス	69.9％

（2020年，日本は2020年度）

出る文

→ 2021年度の日本の社会保障給付費は約139兆円にのぼり，そのうち年金給付が約4割を占めている。

→ 日本の国民負担率は近年40％台で推移しており，令和5年度には約47％になる見通しである。

5 財政

地方財政計画

出題可能性　★ ★

国家公務員試験でも出題例あり。スルーは禁物！

　「地方財政」は地方自治体の財政活動の総称。令和5
年度の**地方財政計画の総額は92兆350億円**で，前年度
に比べ1兆4432億円（1.6%）増加した❶。

❶「東日本大震災対応
分」を除いた「通常収
支分」の規模。

◇歳出

主な項目	金額	増減額
給与関係経費	19兆9053億円	▲591億円
一般行政経費	42兆 841億円	6408億円
公債費	11兆2614億円	▲1645億円
投資的経費	11兆9731億円	▲54億円

（▲は減少を表す）

　政策的経費である**地方一般歳出は76兆4839億円**。前
年度に比べ6078億円（0.8%）増加した。

◇歳入

主な項目	金額	増減額
地方税	42兆8751億円	1兆6446億円
地方譲与税	2兆6001億円	23億円
地方交付税	18兆3611億円	3073億円
国庫支出金	15兆 85億円	1259億円
地方債	6兆8163億円	▲7914億円

❷地方税が歳入総額に
占める割合は46.6%と
なっている。

　歳入項目では，地方税が前年度に比べ増収❷。地方交
付税も増加した。
　税収増で地方債は減少。そのうち赤字公債である「臨
時財政対策債」は9946億円で，前年度に比べ7859億円
も減少し，過去最小となった❸。

❸なお，使途が特定さ
れていない一般財源総
額は，交付団体ベース
で，令和4年度を1500
億円上回る額（62兆
1635億円）を確保した。

出る文

➡ 令和5年度の地方財政計画の総額は前年度に比べ増加し，92兆円と
なった。

➡ 令和5年度の地方財政計画の歳入では，地方税が増加した一方，地
方債は大幅に減少した。

5

財
政

財政の出る文穴埋めチェック

❶令和5年度一般会計当初予算は11年連続で過去最大を更新し，（　　　）兆円となった。　　　　　　　　　　　　　　　　　　　　　　　　　　　　→p.67

❷令和5年度一般会計当初予算の一般歳出で最大なのは（　　　）で，一般歳出の半分以上，歳出全体の3分の1弱を占める。　　　　　　　　　　　　　→p.67

❸令和5年度の一般会計当初予算における新規国債発行額は35.6兆円となり，（　　　）は31.1％に低下した。　　　　　　　　　　　　　　　　　　→p.67

❹当初予算と13.2兆円の（　　　）予算を合わせた令和5年度一般会計予算の規模は127.6兆円に達した。　　　　　　　　　　　　　　　　　　　　　　→p.68

❺令和5年度税制改正は，（　　　）制度を恒久化し，年間投資上限額の引き上げなど，（　　　）制度を抜本的に拡充する内容を盛り込んだ。　　　→p.69

❻令和5年度末の国と地方の（　　　）は，名目GDPの2倍以上の1280兆円にのぼる見込みである。　　　　　　　　　　　　　　　　　　　　　　　　→p.70

❼財政健全化目標とは，2025年度の国・地方を合わせた（　　　）の黒字化と債務残高対GDP比の安定的な引き下げである。　　　　　　　　　　　　→p.71

❽政府債務残高の対GDP比では，日本は主要先進国のなかで（　　　）の水準にある。　　　　　　　　　　　　　　　　　　　　　　　　　　　　　　→p.72

❾2021年度の日本の社会保障給付費は約139兆円にのぼり，そのうち（　　　）給付が約4割を占めている。　　　　　　　　　　　　　　　　　　　　→p.74

❿令和5年度の地方財政計画の総額は前年度に比べ（　　　）し，92兆円となった。　　　　　　　　　　　　　　　　　　　　　　　　　　　　　　　→p.75

解　答

❶**114.4**：前年度に比べ6兆7848億円（6.3％）増えた。

❷**社会保障関係費**：その規模は36.9兆円。

❸**公債依存度**：補正予算後は34.9％に上昇した。

❹**補正**：2023年11月の経済対策関係経費などが計上された。

❺**NISA**：2022年の「資産所得倍増プラン」を受けた改正。

❻**長期債務残高**：そのうち国債残高は1068兆円。

❼**プライマリーバランス**：「税収・税外収入」から「国債費を除く歳出（＝基礎的財政収支対象経費）」を差し引いた財政収支。

❽**最悪**：日本は，突出して悪い水準にある。

❾**年金**：次いで多いのは「医療」「福祉その他」の順である。

❿**増加**：前年度に比べ1兆4432億円（1.6％）増加した。

5
財政

第6章

世界経済

世界経済

出題可能性 ★ ★

世界経済の成長は2022年に減速。基本をざっくり把握！

◇2022年の世界経済

2021年の世界経済は，コロナ禍からの回復により大きく成長。だが，**2022年の世界経済は，成長が鈍化**した。

IMF（国際通貨基金）の推計によると，2022年の世界の実質GDP成長率は3.4%。前年の6.3%から大きく減速し，2015〜2019年の平均と同じ水準となった。

◇成長鈍化の要因

『通商白書2023』は，2022年に世界経済の成長が鈍化した要因を3つ指摘。**ロシアによるウクライナ侵略，インフレの加速，中国経済の成長鈍化**だ。

2022年2月以降，ロシアはウクライナに侵略。原油や天然ガス等の資源価格の高騰や国際的なサプライチェーンの断絶などをもたらし，世界経済の成長の妨げとなった。

また，パンデミック後の需要回復に伴い，2021年後半からインフレが加速。ロシアによるウクライナ侵略がもたらした資源価格の高騰や供給減少もインフレ状況に拍車をかけた。

各国の中央銀行は，政策金利の急速な引き上げでインフレに対応。家計の購買力の低下や経済活動の停滞につながっただけでなく，新興国・途上国の対外債務への懸念も高めた。

さらに，2022年には，コロナの再拡大と都市封鎖の影響で中国経済が減速❶。世界経済の成長を鈍化させた。

ロシア経済

ロシア経済は2022年にマイナス成長に転換（実質GDP成長率は−2.1%）。2022年10−12月期の実質GDPの水準は，ウクライナ侵略前後の時期に当たる同年1−3月期を大きく下回った。

以下，各国・地域の実質GDP成長率は，2023年12月の内閣府資料に基づく（GDP統計は改定されるため，『通商白書2023』の数値とは異なることがあるので注意）。

❶p.80参照。

出る文

➡ IMFによると，2022年の世界の実質GDP成長率は前年の6%台から大きく減速し，3%台となった。

➡ 2022年の世界経済の成長鈍化の要因としては，ロシアによるウクライナ侵略，インフレの加速，中国経済の減速が挙げられる。

アジア経済

注目すべきは、ASEAN主要国とインド。選択肢入りに備え、軽視は禁物！

◇ASEAN経済

2022年のASEAN主要6か国（インドネシア, タイ, マレーシア, シンガポール, フィリピン, ベトナム）の実質GDP成長率は, シンガポールを除き, 前年より加速。総じて高成長となった❶。

いずれの国でもコロナ禍からの経済活動の再開や観光関連産業の回復を受け, 内需が堅調に拡大。成長を牽引した❷。

◇インド経済

2022年度のインドの実質GDP成長率は7.2%。高成長だったが, 前年度（9.1%）より減速した。成長の牽引役となったのは内需。民間消費や総固定資本形成が好調だった。

インドの貿易収支は慢性的に赤字❸。2022年には資源高で石油関連の輸入額が増加し, 輸入の伸びが輸出の伸びを上回って貿易収支の赤字幅が拡大した。

インドの消費者物価は, 食品価格や燃料価格の上昇により, 2021年後半から上昇ペースを加速。2022年1月以降, インド準備銀行（インドの中央銀行）が定めるインフレ目標の上限（6%）を10か月連続で上回った。

インフレ率の高止まりを受け, インド準備銀行は2022年5月に利上げを実施。その後も2022年度中は数次にわたり政策金利を引き上げた。

❶ASEAN主要国の実質GDP成長率

インドネシア	5.3%
タイ	2.6%
マレーシア	8.7%
シンガポール	3.6%
フィリピン	7.6%
ベトナム	8.0%

（2022年）

❷シンガポールでは, 輸出の寄与がマイナスに転じ, 成長率が減速した。

❸サービス収支は黒字。

6

世界経済

出る文

➡ 2022年のASEAN主要国の実質GDP成長率は, シンガポールを除き, 前年より加速した。

➡ 2022年度のインドの実質GDP成長率は, 前年度より減速したが, 7%台に達した。

中国経済

世界経済分野における常連。2022年には減速したが，注目度はピカイチ！

◇GDP

2022年の中国の実質GDP成長率は3.0%。「ゼロコロナ政策」による厳しい規制の影響で前年（8.4%）より大きく減速した。コロナ感染が拡大した2020年を除けば，マイナス成長だった1976年以来の低成長。中国政府が目標としていた「5.5%前後」を大きく下回った❶。

需要項目別では，**最終消費が寄与を大きく縮小**。総資本形成も小幅ながら寄与を低下させた。世界経済の成長鈍化で純輸出の寄与も縮小した。

四半期別の成長率（前年同期比）は，2022年1−3月期に加速。4−6月期になると上海の都市封鎖の影響で最終消費の寄与がマイナスに転じ，大きく減速した。上海の都市封鎖が解除された7−9月期には回復。だが，ゼロコロナ政策が大きく緩和された10−12月期には，コロナ感染が急拡大してしまい，低い伸びにとどまった。10−12月期の最終消費の伸びはゼロ%近くとなり，純輸出の寄与もマイナスに転換。ただし，政府がインフラ投資などを拡大させ，総資本形成の寄与は拡大した❷。

◇生産・投資・消費

2022年の工業生産は低い伸び（3.6%）。前年（9.6%）より鈍化した。特に，上海の都市封鎖の影響で4月に大きく落ち込んだ。その後も国内各地でコロナ感染が拡大。生産は低調だった。

2022年の固定資産投資の伸び率は5.1%。前年（4.9%）より若干加速した。業種別では，政府の景気支援策でインフラ等の伸びが加速。病院などの衛生・社会サービスへの投資も高い伸びが続いた。一方，政府規制の影響で**不動産開発の伸びは大幅なマイナス**（−10%）。鉱業や製造業の伸びも鈍化した。

2022年の小売売上高は前年比マイナス（−0.2%）❸。まず，コロナの影響を受けやすい飲食業が減少に転じた。物品販売も低い伸び。家電・映像音響機器や通信機

❶2023年の実質GDP成長率についての中国政府の目標は「5%前後」。

❷中国人民銀行（中央銀行）も景気を下支えするため，金融緩和策を実施。2021年から政策金利や預金準備率を数次にわたって引き下げた。

❸2022年には所得環境が悪化。1人当たりの可処分所得の伸びは，名目・実質のどちらも前年より鈍化し，コロナ禍前の2019年の伸びに届かなかった。

器等の耐久消費財の伸び率はマイナスに転じ，自動車の伸びも低かった。好調だったインターネット販売も伸びを大きく鈍化させた。

◇物価と雇用

　2022年の消費者物価上昇率は2.0%。前年（0.9%）より加速したが，政府目標の「3%前後」を下回った。食品やエネルギー価格の上昇を受け，消費者物価は2022年初めから秋口まで上昇。その後は原油等の国際市況が落ち着き，低下した。

　食品・エネルギーを除くコア指数は，国内需要の弱さを受け，年初からしだいに減速。2022年の上昇率は0.9%にとどまった。

　生産者物価上昇率は4.1%。前年（8.1%）より大きく減速した。原油等の国際市況の低下や弱い内需を反映して年初から鈍化が続き，年末は前年比マイナスに転じた。

　2022年の雇用情勢は前年より悪化。2022年平均の都市部調査失業率は5.6%と前年（5.1%）より悪化し，政府目標の「5.5%以下」をわずかながら上回った。

　特に高いのが若年層（16～24歳）の失業率。コロナ感染が拡大した2020年以降上昇し続け，2022年平均では17.6%に達した。

　2022年の都市部新規就業者数は1206万人。政府目標の「1200万人」を達成したものの，前年（1269万人）に比べ5%減少した。

中国の貿易

　2022年の貿易は大きく減速。伸び率は，輸出が7.0%，輸入が1.1%にとどまった（前年は輸出入ともに3割増）。

　国・地域別の輸出では，欧米向けが低い伸びにとどまった一方，ASEAN向けは好調。輸入は大半の主要国で前年比マイナスとなった。ただしロシアに対しては，輸出入ともに2ケタ台の高い伸びを記録した。

6

世界経済

出る文

➡ 2022年の中国の実質GDP成長率は3%と前年より大きく減速し，中国政府が目標としていた「5.5%前後」を大きく下回った。

➡ 中国の四半期別の実質GDP成長率（前年同期比）は，2022年4－6月期には上海の都市封鎖の影響で大きく減速した。

➡ 2022年の中国の固定資産投資全体の伸び率は前年より若干加速したが，業種別では不動産開発の伸び率が大幅なマイナスに転じた。

➡ 2022年の中国の都市部調査失業率は，前年より悪化して5.6%に上昇し，政府目標の「5.5%以下」をわずかながら上回った。

アメリカ経済

世界経済では頻出のアメリカ。金融引締め政策にも注目！

◇GDP

2022年のアメリカの実質GDP成長率は1.9%。2年連続でプラス成長となったが，前年（5.8%）に比べ大きく減速した。

四半期別の実質GDP成長率を見ると，2022年1−3月期と4−6月期は2四半期連続で前期比マイナス。インフレで購買力が低下し，金融引締めで投資が抑制された。7−9月期には，純輸出の押上げで前期比プラスに転換。続く10−12月期にも前期比プラスを続けた。

需要項目別では，個人消費が底堅く推移。アメリカの成長に大きく寄与した。民間設備投資も前期比プラスで推移した。

◇労働市場

失業率は，コロナの影響で2020年4月に14.7%に急上昇❶。だが，その後は下落し，2023年3月には3.5%と**コロナ禍前の水準に改善**した。

労働参加率も緩やかながら上昇基調❷。2020年2月に63.6%だった全体の労働参加率は，2020年4月（60.1%）を底に緩やかに上昇し，2023年3月には62.6%となった。プライムエイジ（25〜54歳）の労働参加率も，2020年2月に83%だったが，2020年4月（79.9%）を底に2023年3月には83.1%に上昇した。

一方，2021年以降，経済活動の再開で求人数が増加する中，**人手不足が深刻化**。自主退職者の増加も重なって，2021年6月以降，**求人数は1000万人を超える過去最多の水準で推移**するようになった。その後，2023年2月に993万人と1000万人を下回ったが，依然として高く，労働需給は逼迫した状態にある❸。

◇消費者物価

2021年以降，アメリカでは**歴史的な水準でインフレが高進**。消費者物価指数（総合指数）は，2022年6月に

❶失業率＝労働力人口に占める完全失業者の割合。

❷労働参加率＝生産年齢人口（15〜64歳）に占める労働力人口の割合。

❸人手不足により名目賃金は高止まり。ただし物価上昇には追いつかず，2021年11月以降，実質賃金上昇率（前年同期比）はマイナスで推移した。マイナス幅は，消費者物価の伸び率鈍化により2022年6月の−3.9%を底に縮小したが，2023年3月時点でもマイナス（−0.7%）だった。

産經公務員模擬テスト

15,000人の受験者数を誇る全国レベルの公開模試!

- 会場受験・自宅受験に分けて全国規模で実施。
- 本試験に準拠した試験形式を採用。
- 問題は出題傾向を徹底的に分析した本試験予想問題。
- 答案はマークシートを使用、コンピュータで採点。
- 全国レベルでの実力を判定。
- 信頼性の高い合格可能度を提供。
- 全問にポイントを押さえた解説付き。
- 「論文試験」添削指導(別途有料)が受験可能。

詳しい内容・お申込みは下記ホームページで!!

www.sankei-koumuin.jp

※右のQRコードをご利用いただくか、インターネットで《公務員テスト》を検索!

〈お問い合わせ先〉事務局 **産經公務員テスト機構**
〒100-8079
東京都千代田区大手町1-7-2 産經新聞社 コンベンション事業部内
電話:03-3241-4977(土日祝日を除く 10:00〜17:30)
E-mail:koumuin@sankei.co.jp

主催=**産經新聞社・実務教育出版**

産經公務員模擬テスト

※本模擬試験は「実務教育出版」の公開模試とは異なりますのでご注意ください。

2024年度　産經公務員模擬テスト　実施日程・受験料

各回ともに自宅受験と会場受験の申込締切日が異なっています。お申込みの際には十分ご注意ください。

回	試験の種類	自宅受験			受験科		会場受験			受験料		会場
		申込締切日	問題返送締切日	結果発送日	教養・専門	教養のみ	実施日	申込締切日	結果発送日	教養・専門	教養のみ	
1	地方上級/市役所上級 大卒警察官・消防官 (本試験重要テーマ攻略)	10/27 (金)	11/16 (木)	12/11 (月)	6,900円	4,600円	11/19 (日)	11/2 (木)	12/11 (月)	6,400円	4,100円	札幌・仙台 新潟・東京 名古屋・大阪 福岡 (全会場)
2	国家一般職大卒 (本試験重要テーマ攻略)	1/19 (金)	2/8 (木)	3/4 (月)	6,900円	4,600円	2/11 (日)	1/26 (金)	3/4 (月)	6,400円	4,100円	
3	地方上級/市役所上級 大卒警察官・消防官 (本試験予想)	2/2 (金)	2/22 (木)	3/15 (金)	6,900円	4,600円	2/25 (日)	2/9 (金)	3/15 (金)	6,400円	4,100円	
4	国家一般職大卒 (本試験予想)	2/22 (木)	3/14 (木)	4/8 (月)	6,900円	4,600円	3/17 (日)	3/1 (金)	4/8 (月)	6,400円	4,100円	
5	地方上級/市役所上級 大卒消防官 (本試験直前予想)	3/8 (金)	3/28 (木)	4/19 (金)	6,900円	4,600円	3/31 (日)	3/15 (金)	4/19 (金)	6,400円	4,100円	

問題・結果発送日は発送予定日です。到着はこの日以降となります。[受験料は消費税込み]

前年同月比9.1％となり，40年ぶりの高さを記録した。その後，上昇率は縮小。2023年3月には5.0％となった。

インフレ率を押し上げてきたのは，2021年から2022年初にかけてはエネルギーや財の価格。その後は，食料やサービスの価格上昇の影響が大きくなった。

2023年3月のコア指数（食品・エネルギーを除く総合指数）は5.6％。2021年1月以来約2年ぶりに総合指数を上回った。

◇金融政策

2022年3月，インフレを抑えるため，FRB（連邦準備理事会）は3年3か月ぶりに利上げを実施。実質ゼロ金利（0.00～0.25％）だったFF金利（フェデラル・ファンドレート）の誘導目標を0.25％引き上げた**❹**。

その後も**FRBは相次いでFF金利を大きく引き上げ。**2022年5月の0.5％に続き，6月，7月，9月，11月には0.75％の大幅な利上げを4回連続で実施した。続く12月にも0.5％引き上げた。

2023年に入ってからも，引き上げ幅を縮小しつつ，FRBは利上げを継続。2月，3月，5月，7月にFF金利を0.25％引き上げた（2023年12月末時点の誘導目標は5.25～5.5％）。

2022年6月からは**量的引締め**も開始。国債等の保有資産を削減している。

❹FF金利はアメリカの政策金利。

アメリカの住宅価格

住宅ローン金利の上昇により，住宅価格の上昇は抑制。S&Pケースシラー住宅価格指数（主要20都市）の前年同月比は，2022年4月に21.3％だったが，2023年2月には0.4％まで縮小した。

米中貿易

2022年の米中間の貿易総額は過去最大の6906億ドル。このうち，アメリカの中国からの輸入は5368億ドルと2018年以来の高水準となった。アメリカの対中貿易赤字も前年に引き続き拡大した。

6

世界経済

出る文

➡ 2022年のアメリカの実質GDP成長率は2％弱となり，前年の5％台後半より大きく減速した。

➡ アメリカの失業率は，2020年4月に15％近くまで上昇したが，その後は下落し，2023年3月には3％台に改善した。

➡ アメリカでは，2022年6月に消費者物価の前年同月比が9％を超えるなど歴史的な水準でインフレが進んだ。

➡ FRBは，インフレを抑えるため，2022年3月以降，数次にわたって政策金利を大幅に引き上げた。

ユーロ圏経済

ユーロ圏経済は2022年に減速。インフレ状況と金融政策にも留意！

◇GDPと雇用

2022年のユーロ圏の実質GDP成長率は3.4％**❶**。前年（5.9％）より減速した。

四半期別の実質GDP成長率は，1－3月期と4－6月期には前期比で加速。7－9月期にやや減速し，10－12月期にほぼ横ばいとなった。

需要項目別では，個人消費が2022年1－3月期から7－9月期にかけて実質GDPを押し上げ，総固定資本形成も4－6月期から7－9月期にプラス寄与。10－12月期には個人消費が落ち込んだが，外需がプラスに寄与した。

労働市場は堅調に推移。ユーロ圏の失業率は，2022年平均で6.7％に低下した（前年は7.7％）。

◇物価と金融政策

2021年に入ると，**消費者物価は上昇続き。**2022年4月以降，過去最大の伸び率を更新し続け，2022年10月には前年同月比で10.6％を記録した。その後，エネルギー価格の下落を主因として伸び率が鈍化。2023年3月には6.9％まで低下した**❷**。

2022年7月，ECB（欧州中央銀行）はインフレに対応するため**11年ぶりに利上げを実施**。その後も数次にわたり**政策金利を大幅に引き上げた❸**。2023年にも利上げを継続**❹**。2023年末時点の主要政策金利（主要リファイナンス・オペ金利）は4.5％となった。

❶ 2023年1月からクロアチアがユーロを導入。ユーロ圏は20か国になった。

❷ ただし，食品・エネルギー・アルコール・たばこを除くコア指数は，2023年3月時点で過去最高を更新。

❸ 2022年は7月0.5％，9・10月0.75％，12月0.5％引き上げ。

❹ 2023年は2・3月0.5％，5・6・7・9月0.25％引き上げ。

出る文

➡ 2022年のユーロ圏の実質GDP成長率は3％台となり，5％台後半だった前年より減速した。

➡ 2022年7月，インフレに対応するため，ECBは政策金利を11年ぶりに引き上げ，その後も数次にわたって大幅に引き上げた。

6

世界経済

イギリス経済

ユーロ圏とは一線を画すイギリス経済。ユーロ圏と比べながら学習！

◇GDPと雇用

2022年のイギリスの実質GDP成長率は4.3%。前年（8.7%）より減速した。

四半期別の実質GDP成長率は，2022年7－9月期に6期ぶりに前期比マイナスを記録。ただし10－12月期になると，小幅ながらプラスに転じた。外需が落ち込んだ一方，総固定資本形成，個人支出，政府支出といった内需が底堅く推移したためだ。

とはいえ，ユーロ圏に比べ，イギリスの実質GDPの回復は遅れ気味。2022年10－12月期の実質GDPはコロナ禍前の2019年10－12月期の水準を取り戻せなかった。

失業率は低水準。2022年中は3.5～3.8%の低水準でほぼ横ばいで推移した。

◇物価と金融政策

2021年以降，消費者物価は上昇続き。2022年10月に1982年以来の高水準となる前年同月比11.1%を記録した。その後低下したが，食品価格は引き続き上昇。エネルギー価格も依然として高水準で推移し，2023年2月の消費者物価上昇率は10.4%と高止まった。

2021年12月，BOE（イングランド銀行）は，インフレ対策として3年4か月ぶりに政策金利を引き上げ❶。その後も相次いで利上げした❷。2023年末時点の政策金利（バンク・レート）は5.25%となった。

❶BOEは，FRBやECBに先駆けて，政策金利の引き上げに踏み切った。

❷2022年は2・3・5・6・8・9・11・12月に引き上げ，2023年は2・3・5・6・8月に引き上げ。

6

世界経済

出る文

➡ 2022年のイギリスの実質GDP成長率は4%台となり，8%台後半だった前年より減速した。

➡ 2021年12月，BOEはインフレ対策として政策金利を引き上げ，その後も数次にわたって引き上げた。

世界経済の出る文穴埋めチェック

❶IMFによると，2022年の世界の実質GDP成長率は前年の6%台から大きく減速し，（　　　）%台となった。　　　　　　　　　　　　　　→p.78

❷2022年のASEAN主要国の実質GDP成長率は，（　　　）を除き，前年より加速した。　　　　　　　　　　　　　　　　　　　　　　　　→p.79

❸2022年度の（　　　）の実質GDP成長率は，前年度より減速したが，7%台に達した。　　　　　　　　　　　　　　　　　　　　　　　　→p.79

❹2022年の中国の実質GDP成長率は（　　　）%と前年より大きく減速し，中国政府が目標としていた「5.5%前後」を大きく下回った。　　　　　　→p.81

❺2022年の中国の都市部調査（　　　）は，前年より悪化して5.6%に上昇し，政府目標の「5.5%以下」をわずかながら上回った。　　　　　　　→p.81

❻2022年のアメリカの実質GDP成長率は（　　　）%弱となり，前年の5%台後半より大きく減速した。　　　　　　　　　　　　　　　　→p.83

❼アメリカの（　　　）は，2020年4月に15%近くにまで上昇したが，その後は下落し，2023年3月には3%台に改善した。　　　　　　　　　→p.83

❽FRBは，（　　　）を抑えるため，2022年3月以降，数次にわたって政策金利を大幅に引き上げた。　　　　　　　　　　　　　　　　　→p.83

❾2022年のユーロ圏の実質GDP成長率は（　　　）%台となり，5%台後半だった前年より減速した。　　　　　　　　　　　　　　　　　　→p.84

❿2021年12月，（　　　）はインフレ対策として政策金利を引き上げ，その後も数次にわたって引き上げた。　　　　　　　　　　　　　　→p.85

解　答

❶**3**：2022年の成長率は，2015〜2019年の平均と同じ水準となった。

❷**シンガポール**：ASEAN主要国では内需が堅調に拡大した。

❸**インド**：民間消費や総固定資本形成といった内需が成長を牽引した。

❹**3**：「ゼロコロナ政策」による厳格な規制が経済活動の足かせとなった。

❺**失業率**：特に若年層（16〜24歳）の失業率が高い（2022年平均17.6%）。

❻**2**：主に個人消費が寄与し，2年連続してプラス成長となった。

❼**失業率**：コロナ禍前の水準に戻った。

❽**インフレ**：2022年6月以降，量的引締めも実施している。

❾**3**：2022年10−12月期の実質GDPはコロナ禍前の2019年10−12月期の水準を上回った。

❿**BOE**：イングランド銀行でも可。

6

世界経済

第7章

厚生

少子高齢化

深刻さを増す少子高齢化。合計特殊出生率や高齢化率は公務員試験の必修データ！

　日本の人口変化の特徴は「少子高齢化」。少子化と高齢化の同時進行が，日本の社会システムを根本から揺さぶっている。

　高齢者の生活を支えるための社会的コストは今後も増える。なのに，少子化で現役世代（＝コスト負担者）は減っていく。これでは，各種の社会制度が破綻の危機にさらされるのは当然の成り行き。かなり心配な状況だ。

◇少子化

　近年，日本の少子化のスピードが加速。2016年に出生数が100万人を割り込んだ後，早くも2019年に90万人を割り込んだ。そして，**2022年の出生数は80万人を割り込み，約77万人に減少した**❶。

　日本の**合計特殊出生率**（1人の女性が生涯に何人の子どもを生むかの平均値）は，1975年に2.0を下回ってからは低下傾向。2005年には1.26と過去最低を記録した。その後，2015年に1.45まで上昇したが，その後7年連続で低下。**2022年には過去最低の1.26となった**（2021年は1.30）。

　日本の合計特殊出生率は，アメリカやフランスなどに比べ低水準。ただし，アジアでは合計特殊出生率が日本より低い国・地域も多い❷。

　日本の少子化の大きな要因は，**晩婚化や未婚化**といった**結婚をめぐるライフスタイルの変化**。2022年の平均初婚年齢は，夫31.1歳，妻29.7歳で，1985年と比べると夫は2.9歳，妻は4.2歳も遅くなっている。

　50歳時の未婚率（いわゆる生涯未婚率）も上昇中。1970年には男性1.7％，女性3.3％だったが，2015年には男性24.8％，女性14.9％と上昇した。さらに2020年には男性28.3％，女性17.8％に達した。

　晩婚化によって**晩産化も進行**。第1子を出産したときの母親の平均年齢は2022年で30.9歳と30歳を超えており，1985年と比べると4.2歳も遅くなっている。

❶以下の数値は「人口動態統計」（厚生労働省）『令和5年版男女共同参画白書』『令和5年版高齢社会白書』等による。

❷合計特殊出生率

フランス	1.82
スウェーデン	1.66
アメリカ	1.64
イギリス	1.58
ドイツ	1.53
イタリア	1.24
シンガポール	1.10
台湾	0.99
香港	0.88
韓国	0.84

（2020年）

ちなみに，第1子の出産後も仕事を続けた女性の割合
は上昇傾向。2015〜2019年に第1子を出産した女性で
は69.5%に達した。

　一方，週60時間以上の長時間労働をしている人の割
合は，女性や他の年代に比べ，子育て期にある30歳代
男性（9.1%）や40歳代男性（10.3%）で高水準（2022
年）。こうした場合，育児や家事の負担が母親に偏って
しまう。働き方を見直して，仕事と生活を調和させる
「ワーク・ライフ・バランス」を実現することが重要だ。

◆高齢化

　2022年10月1日現在の65歳以上の高齢者人口は過去
最多の3624万人（2021年3621万人）。**2022年の高齢化
率（全人口に占める65歳以上人口の割合）は過去最高
の29.0%**となった（2021年28.9%）。

　高齢者人口のうち，75歳以上は1936万人（全人口の
15.5%）。65〜74歳（1687万人）を上回っている。

　日本で高齢化率が7%から14%になるまでにかかった
年数は，たったの24年。日本の高齢化は，他の先進国
に例を見ないほど，急速に進んできた❸。

　当然，今後も高齢化率は上昇。推計によると，日本の
人口は2056年には9965万人と1億人を割り込み，2070
年には8700万人になる❹。そして，4割弱が高齢者とい
う極端な高齢社会が到来する❺。

❸アジア諸国では，一部
の国で日本を上回るスピードで高齢化が進む見込み（シンガポール17
年，韓国18年，中国22
年など）。

❹2023年の「日本の将
来推計人口」（国立社
会保障・人口問題研究
所）による。

❺高齢化率は2037年
に33.3%に達し，2070
年には38.7%に達する
と推計されている。

7

厚生

出る文

➡日本では少子化のスピードが加速しており，2022年の出生数は
80万人を割り込み，約77万人となった。

➡2022年の日本の合計特殊出生率は7年連続で低下し，1.26と過
去最低となった。

➡晩婚化によって晩産化も進行しており，第1子を出産したときの母
親の平均年齢は30歳を超えている。

➡日本の高齢化は他の先進国に例を見ないほどの速さで進み，2022
年の高齢化率は29%に達した。

こども基本法

2023年，こども家庭庁が発足。記念出題に備えよう！

◇こども基本法

　2022年，こども基本法が成立（2023年4月施行）。「子どもの権利条約」（1994年批准）に対応する法律で，こども政策の基本理念などを定めている。

　基本法上の「こども」とは「心身の発達の過程にある者」。年齢で定義しているわけではない。

　基本理念は6つ。すべてのこどもについて①個人として尊重され，基本的人権が保証され，差別的な扱いを受けない，②適切に養育され，生活保障され，愛され保護され，教育を受ける機会が等しく与えられる，③意見表明や社会参画の機会が確保される，④意見が尊重され，最善の利益が優先して考慮される。加えて，⑤こどもの養育は家庭を基本とする❶，⑥子育てに夢を持ち，喜びを実感できる社会環境を整備する。

　基本法は，こうした理念に沿った関連施策の策定・実施を国・地方の責務と定めた。

◇こども家庭庁

　こども政策の司令塔となるのが2023年4月に設置された「こども家庭庁」。内閣府の外局で，他省庁に対する勧告権を持つ❷。

　同庁が担当するのは，こども関連の施策全般。子育て支援，こどもや家庭の福祉増進・保健の向上，こどもの権利利益の擁護，児童虐待の防止，こどもの貧困対策，こどもの性犯罪対策など，幅広くカバーする。

児童虐待

　児童相談所での児童虐待相談対応件数は増加の一途。2022年度には過去最多の21万9170件（速報値）に達した。

❶父母などの保護者が一義的責任を有する。家庭での養育が難しいこどもには，できる限り家庭と同様の養育環境を確保する。

❷内閣府や厚労省等のこども関連部局を統合。ただし，幼稚園・義務教育等の教育分野は文科省所管のまま。

出る文

→ 2022年のこども基本法は，こどもの権利等について基本理念を定め，理念に沿った施策の策定・実施を国・地方の責務と定めた。

→ 2023年4月，内閣府の外局として，こども政策の司令塔となる「こども家庭庁」が設置された。

7
厚生

こども大綱

2023年，こども大綱が決定。公務員試験でも「こどもまんなか」！

◇基本的な方針

こども基本法に基づき，2023年12月，政府はこども大綱を決定❶。今後5年程度のこども施策の基本方針等を示した。目指すのは，すべてのこども・若者が身体的・精神的・社会的に将来にわたって幸せな状態（ウェルビーイング）で生活を送れる「こどもまんなか社会」の実現だ。

基本的な方針は6つ。①こども・若者の権利を保障し，最善の利益を図る，②こども・若者，子育て当事者の意見を聴き，ともに進めていく，③こども・若者，子育て当事者のライフステージに応じて切れ目なく対応し，十分に支援する，④貧困と格差の解消を図り，すべてのこども・若者が幸せな状態で成長できるようにする，⑤若い世代の生活基盤の安定等に取り組む，⑥関係省庁，地方自治体，民間団体等との連携を重視する。

◇重要事項と数値目標

こども大綱は，ライフステージ別に**施策の重要事項**を提示。学童期・思春期では，校則の見直し，体罰や不適切な指導の防止等を挙げた。また，ライフステージを通じた重要事項も列挙。こどもの貧困対策，障害児等への支援，児童虐待防止，こども・若者の自殺対策等だ。

意識面における**12の数値目標**も設定。たとえば，「生活に満足している」と思うこどもの割合を70%とする（2022年60.8%），などとしている。

❶同時に，「幼児期までのこどもの育ちに係る基本的なヴィジョン」「こどもの居場所づくりに関する指針」も決定。

7
厚生

✎ 保育の待機児童

政府は「新子育て安心プラン」に基づき，2021～2024年度に約14万人分の保育の受け皿を整備。

2023年4月時点の待機児童数は2680人（前年より264人減少）。6年連続で減少し，過去最少を更新した。

出る文

➡ 2023年12月，政府は「こどもまんなか社会」の実現を目指す「こども大綱」を決定した。

➡ こども大綱は，今後5年程度のこども施策の基本的な方針，重要事項，意識面での数値目標等を示した。

こども未来戦略

岸田首相が提唱する「異次元の少子化対策」。日本の未来のための出題は当然！

◇基本理念

2023年12月，政府は「こども未来戦略」を決定（以下，未来戦略）。少子化は日本が直面する最大の危機であるとし，岸田首相が提唱する「異次元の少子化対策」の基本的方向や具体的な施策を示した。若年人口が急激に減少するのは2030年代。2030年までに少子化トレンドを反転できるかどうかがラストチャンスだとの認識を表明した。

未来戦略の基本理念は，①**若い世代の所得を増やす**，②**社会全体の構造や意識を変える**，③**すべてのこども・子育て世帯を切れ目なく支援する**，の3つ。①を打ち出した点が特徴的だ。

◇こども・子育て支援加速化プラン

未来戦略が盛り込んだ具体的な施策が**こども・子育て支援加速化プラン**（以下，加速化プラン）。2024年度からの3年間の集中取組期間にできるだけ前倒しで実施するとした。

①**若い世代の所得向上に向けては，児童手当を抜本的に拡充❶**。出産等の経済的負担も軽減する❷。加えて，医療費の負担も軽減。高等教育費では，3人以上の子どもがいる多子世帯の学生の授業料等の無償化，「授業料後払い制度」の創設，奨学金制度の充実等を図る。個人のリ・スキリングには直接支援（p.52参照）。「年収の壁」への対応（p.55参照）や子育て世帯に対する住宅支援の強化なども盛り込んだ。

②**すべてのこども・子育て世帯を対象とする支援の拡充**では，妊娠期からの切れ目ない支援を拡充。また，幼児教育・保育の質の向上を図り，「こども誰でも通園制度」を創設する❸。「新・放課後子ども総合プラン」も着実に実施❹。こどもの貧困対策，ひとり親家庭の自立支援，児童虐待防止，ヤングケアラー・障害児・医療的ケア児等への支援も強化する❺。

❶所得制限を撤廃し，支給期間も高校生年代まで延長する。第3子以降は支給額を増やす。2024年10月から実施。

❷出産・子育て応援交付金（10万円）を制度化。2023年4月からの出産育児一時金の大幅な引き上げ（42万円→50万円）を着実に実施。出産費用の保険適用等も検討する。

❸親の就労要件を問わず，時間単位等で柔軟に保育所等を利用できる通園制度。

❹2023年12月，こども家庭庁と文科省は新たに「放課後児童対策パッケージ」を策定。放課後児童クラブ（いわゆる学童保育）の受け皿拡大を進めるとした。

❺ヤングケアラーとは，家族にケアを要する人がいて，大人が担うような家事や家族の世話を日常的に行っている子ども。支援が必要なのに表面化しにくい。

7

厚生

③共働き・共育ての推進では，男性の育児休業の取得を促進。男性の育児休業取得率の政府目標を大きく引き上げ，育児休業給付も拡充する❻。「親と子のための選べる働き方制度」や「育児時短就業給付」を創設。育児期を通じた柔軟な働き方を推進する。

④こども・子育てにやさしい社会づくりのための意識改革では，優先案内や専門レーンの設置を拡大。公共交通機関等での妊産婦や乳幼児連れの人などに対する理解・協力の啓発にも努める。

◇安定的な財源の確保

加速化プランの予算規模は，年間3.6兆円程度。既定予算の最大限の活用（1.5兆円）と徹底した歳出改革（1.1兆円）に加え，「こども・子育て支援金制度」の創設（1兆円）により，2028年度までに安定財源を確保する。それまでの間は必要に応じ，「こども・子育て支援特例公債」を発行し，財源不足に対応。消費税などの増税は行わないとした。

歳出改革については，2023年12月に決定した「全世代型社会保障構築を目指す改革の道筋（改革工程）」における医療・介護制度の改革等を実施❼。また，「支援金」は医療保険の保険料に上乗せする形で徴収する（2026年度から開始し，2028年度までに構築）。

加速化プランの実施により，こども家庭庁予算は約5割増加❽。今後こども・子育て対策を充実させ，2030年代初頭までに予算の倍増を目指す。

❻p.109参照。給付については，男性は子どもが生まれてから8週間以内，女性は産休後8週間以内に，両親がともに14日以上の育児休業を取得した場合，28日間を上限として，給付率を休業開始前賃金の67%（手取り8割）から8割程度（手取り10割）に引き上げる。両親ともに育休取得することを促す。

❼介護の生産性・質の向上，医療DXによる効率化・質の向上，医療提供体制改革等。

❽2025年度にこども家庭庁の下に，こども・子育て支援特別会計（「こども金庫」）を創設する。

7

厚生

出る文

➡「こども未来戦略」の基本理念は，若い世代の所得増，社会全体の構造や意識の変革，すべてのこども・子育て世帯への支援である。

➡「こども・子育て支援加速化プラン」は，児童手当の拡充，出産等の経済的負担軽減，医療費や高等教育費の負担軽減を盛り込んだ。

➡「こども・子育て支援加速化プラン」は，男性の育児休業取得率の政府目標を大幅に引き上げ，育児休業給付を拡充するとした。

➡「こども・子育て支援加速化プラン」の財源の一部に充てるため，医療保険に上乗せして徴収する「支援金制度」が創設される。

医療

2023年に健康保険法等が改正。目指すは「全世代対応型の持続可能な社会保障制度」！

◇健康保険法等の改正

2023年5月，改正健康保険法等が成立（一部を除き2024年4月施行）❶。「**全世代対応型の持続可能な社会保障制度**」の構築を目指し，高齢化等で増える医療費をすべての世代が能力に応じて負担するよう改めた。

75歳以上の高齢者が加入する後期高齢者医療制度も改正。保険料を2024〜2025年度にかけて段階的に引き上げる❷。ただし対象は，比較的収入の多い約4割の人だけだ❸。

また改正法は，出産したときに支給される**出産育児一時金を大幅に増額**（42万円→50万円）。財源については，**後期高齢者医療制度からも支援する仕組みを導入する。**

加えて，適切な医療機関を選べるよう，医療機関の出産費用等を公表する出産費用の「見える化」も実施。さらに，産前産後期間（4か月）における国民健康保険料を免除し，免除相当額については国・都道府県・市町村で負担する。

改正法は，前期高齢者（65〜74歳）の医療費給付の仕組みも変更。これまでは「前期高齢者財政調整」により，前期高齢者の加入者数に応じて国民健康保険（以下，国保）と被用者保険（健康保険組合，共済組合等）の間で費用負担を調整してきた（前期高齢者の加入者率の低い被用者保険が「前期高齢者納付金」を国に納付。加入者率の高い国保は国から交付金を受け取る❹）。

改正により，**前期高齢者の医療費負担を保険者間で調整する仕組みにおいて，被用者保険については「加入者数に応じた調整」に加え，部分的（3分の1）に「報酬水準に応じた調整」を導入**。報酬が高い被用者保険がより多く費用負担するように改め，負担能力に応じた仕組みとする。

このほか，改正法は「かかりつけ医」の機能を法定化。その機能を「身近な地域における日常的な診療，疾病の予防のための措置，その他の医療の提供を行う機

❶高齢者医療確保法，国民健康保険法，医療法等を含む。

❷制度全体としては，後期高齢者1人当たりの保険料と現役世代1人当たりの後期高齢者支援金の伸び率が同じになるよう改める。

❸2024年度は年金収入が211万超，2025年度は153万円超の人が対象。保険料の上限も引き上げる（2024年度に73万円，2025年度には80万円）。

❹定年退職後などに国保に加入する高齢者が多い。

マイナ保険証

政府は，マイナンバーカードと健康保険証の一体化（「マイナ保険証」）を推進。2024年12月2日に紙の健康保険証を廃止することを決定した。

7
厚生

能」と定義した。医療機関が「かかりつけ医」としての役割を都道府県知事に報告する「かかりつけ医機能報告制度」も創設する。

◆医薬品医療機器等法の改正

2022年，改正医薬品医療機器等法（薬機法）が成立（同年5月施行）。緊急時に医薬品等を迅速に承認する制度を整備した。感染症の流行時に国産薬などをより早く使えるようにするためだ。

この「緊急承認制度」の対象は，感染症などによる健康被害の拡大防止上，緊急に使用する必要がある医薬品や医療機器。ただし，代替手段がない場合に限られる。

緊急承認では，臨床試験（治験）の途中段階でも，安全性を「確認」することを前提に，医薬品等の有効性が「推定」された段階での承認が可能。ただし，承認は短期間の期限つき（原則として最大2年間）とし，期限内に改めて有効性の確認を求める。有効性が確認できなければ，承認は取り消される。

また，改正法は**電子処方箋の仕組みを創設**（2023年1月から運用開始）。紙の処方箋を電子化できるようになった。これにより，複数の医療機関や薬局が処方薬の情報を共有。成分が重複する薬や問題のある薬の飲み合わせの防止に役立つ。自分の薬情報については，マイナポータルでも確認できるようなった。

死因

2022年の日本人の死因の上位5つは，順に，がん，心疾患，老衰，脳血管疾患，肺炎。がんは1981年以降，死因の第1位。

寿命

2022年の日本人の平均寿命は男性81.05歳，女性87.09歳。コロナの影響で，前年に比べ，男性は0.42歳，女性は0.49歳短くなった（縮小は2年連続）。

一方,健康寿命(健康上の問題で日常生活が制限されずに生活できる期間)は，男性72.68歳，女性75.38歳(2019年)。

7

厚生

<出る文>

→2023年の改正健康保険法等により，後期高齢者医療制度における保険料は2024〜2025年度に段階的に引き上げられる。

→2023年の改正健康保険法等は，出産育児一時金を増額し，その財源を後期高齢者医療制度からも支援する仕組みを導入するとした。

→2023年の改正健康保険法等は，前期高齢者の医療費負担を保険者間で調整する仕組みにおいて報酬に応じた調整を導入するとした。

→2022年の改正薬機法は，緊急時に医薬品等を迅速に承認する制度や電子処方箋の仕組みを整備した。

感染症法

2022年，感染症法が改正。次の感染症に備えた体制を整備！

◇保健・医療提供体制の整備

2022年，**改正感染症法等が成立**（一部を除き，2024年4月施行）。コロナを踏まえ，今後の感染症の発生・まん延時に備えた保健・医療提供体制を整備する。

同法に基づき，都道府県は感染症の予防計画を策定。医療機関との間で，病床，発熱外来，自宅療養者への医療の確保などについての協定を締結する。

感染症発生・まん延時，**公立・公的医療機関，特定機能病院（大学病院等），地域医療支援病院には医療提供を義務化**。協定に沿った対応をしない医療機関に対し，都道府県は勧告・指示し，機関名を公表できる。

医療人材の広域派遣の仕組みも整備。医療が逼迫した都道府県の知事は，他の自治体に応援要請できるようにする。緊急時には，要請がなくても，国が公立・公的医療機関等に医師・看護師の派遣を要請できる。

◇ワクチン接種の体制整備等

ワクチン接種体制も整備。感染症発生・まん延時には，厚生労働大臣や都道府県知事の要請で，医師・看護師以外に歯科医師，救急救命士等が検体採取やワクチン接種を行う枠組みを整備する。マイナンバーカードで接種対象者を確認する仕組みも導入する。

医薬品，医療機器，防護服等の物資を確保するための枠組みも整備。緊急時には国から事業者へ生産要請や指示ができるようにし，支援も行う。

📝 内閣感染症危機管理統括庁

内閣官房に設置された感染症危機対策の司令塔。有事に迅速・的確に対応するため，平時の準備，危機発生時の対応，政府対策本部の事務など，政府全体の方針立案や行政の総合調整を担う。2023年9月発足。

📝 国立健康危機管理研究機構

感染症等の情報分析・研究・危機対応等を行い，政府に科学的知見を提供する専門家組織。アメリカの疾病対策センター（CDC）をモデルに，国立感染症研究所と国立国際医療研究センターを統合し，2025年度に創設予定。

出る文

→ 2022年の改正感染症法は，感染症発生・まん延時，公立・公的医療機関，特定機能病院，地域医療支援病院に医療提供を義務づけた。

→ 改正感染症法は，感染症発生・まん延時，医師・看護師以外に歯科医師や救急救命士等がワクチン接種を行えるとした。

7

厚生

介護保険制度・認知症対策

利用者も総費用も増えている介護保険制度。基本法ができた認知症対策もフォロー！

◇介護保険制度の現状

2000年の制度開始以来，介護保険制度の利用者は着実に増加。**2022年4月の介護サービス利用者数は517万人となり，2000年4月（149万人）の約3.5倍に達した**❶。

サービス利用の伸びに伴い，介護保険の総費用も急速に増大。2000年度に3.6兆円だった介護費用は，2021年度には11.3兆円に達した。これにより介護保険料もアップ。制度創設時に全国平均で月額3000円程度だった保険料は，2021年度には6014円にまで上がった。介護保険制度にとっては，持続可能性の確保が大きな課題だ。

◇認知症対策

2023年6月，認知症基本法が成立（1年以内に施行）。認知症の人が尊厳を保ちつつ希望を持って暮らせるようにし，国民が相互に人格と個性を尊重しつつ共生する社会の実現を目指すとした❷。

基本施策に盛り込んだのは，認知症の人の社会参加の機会の確保，国民の理解増進，相談体制の整備，研究推進等。国・地方は，認知症施策を総合的・計画的に策定し，実施する責務を負う。

認知症対策の推進体制も拡充。**内閣に首相を本部長とする認知症施策推進本部を設置**し，認知症の人や家族等の意見を聴いたうえで「認知症施策推進基本計画」の作成等を行う。地方自治体には地域の実情に応じた計画策定を努力義務化した。

❶以下の統計数値は，『令和5年版厚生労働白書』による。

❷2025年には700万人（高齢者の5人に1人）が認知症になる見込み。

7

厚生

出る文

→ 介護保険サービスの利用者は着実に増加し，2022年4月には，制度開始時の約3.5倍に増えて517万人となった。

→ 認知症基本法により，内閣に「認知症施策推進本部」が設置され，認知症の人等の意見を聴いたうえで基本計画の作成等を行う。

孤独・孤立対策

出題可能性 ★ ★ ★

2023年，孤独・孤立対策推進法が成立。社会全体の課題である以上，見逃しは禁物！

◇孤独・孤立対策推進法

2023年6月，**孤独・孤立対策推進法が成立**（2024年4月施行）。孤独・孤立対策の基本理念等を定めた。

同法は「孤独・孤立の状態」を「日常・社会生活で孤独を覚えることや社会から孤立していることで心身に有害な影響を受けている状態」と定義。その予防，迅速・適切な支援，脱却に取り組むのが孤独・孤立対策だ。

基本理念は3つ。①**孤独・孤立の問題は社会全体の課題**であり，社会のあらゆる分野で対策を推進する，②当事者等の立場に立った継続的な支援を実施する，③当事者等の意向に沿って孤独・孤立の状態から脱却して生活できることを目標に必要な支援を行う。

基本施策に盛り込んだのは，国民の理解の増進，相談支援の推進，支援人材の確保，調査研究の推進等。国・地方は，孤独・孤立施策を策定し，実施する責務を負う。

◇孤独・孤立対策の推進体制

孤独・孤立対策の推進体制も拡充❶。**内閣府に首相を本部長とする孤独・孤立対策推進本部を設置**し，重点計画の作成等を行う。

また，**地方自治体には孤独・孤立対策地域協議会の設置を努力義務化**。NPOも含めた関係機関が地域の実情に応じた支援内容を協議する場だ。協議会の関係者には秘密保持を義務づけ，違反者への罰則も定めた。

🖋 自殺対策

2022年，政府は自殺対策の指針となる自殺総合対策大綱を改定。2026年までに自殺死亡率（人口10万人当たりの自殺者数）を2015年比で30%以上減少させることを目指すとした。

なお，2022年の自殺者数は2万1881人（男性1万4746人，女性7135人）。前年に比べ874人（4.2%）増えた。

❶2021年には「孤独・孤立対策担当大臣」を新設。同大臣を議長とする「孤独・孤立対策推進会議」が「重点計画」を策定し，相談支援体制の整備やNPOの活動への支援などを進めてきた。

出る文

➡ 2023年の孤独・孤立対策推進法は，孤独・孤立を社会全体の課題であると認識し，対策の策定や実施を国・地方の責務とした。

➡ 孤独・孤立対策推進法により，内閣府に重点計画の作成等を行う「孤独・孤立対策推進本部」が設置される。

7 厚生

障害者制度

出題可能性 ★ ★

近年，相次いで法律が成立。障害者への支援策は出題も支援！

◇障害者差別解消法の改正

2021年，改正障害者差別解消法が成立（2024年4月施行）。障害者に対する社会的障壁を除去するための「**合理的配慮**」の提供を民間事業者にも義務化した❶。

「合理的配慮」の提供とは，負担が重くなりすぎない範囲で，障害者にとっての社会的障壁を取り除くこと。たとえば，段差がある場合にスロープで補助したり，意思を伝え合うために絵・写真・タブレット端末などを使ったりすることだ。

◇障害者総合支援法等の改正

2022年，改正障害者総合支援法等が成立（一部を除き2024年4月施行）❷。障害者支援を強化し，障害者が希望する生活の実現を図る。

改正法は，一人暮らしを希望する人への支援や退去後の相談等をグループホーム（共同生活援助）の支援内容に追加❸。法律上に位置づける。

また，障害者の希望，能力，適性等に合った就労選択を支援する新サービスとして**就労選択支援制度**を創設。制度利用者にはハローワークが職業指導等を行う。

精神障害者については，「医療保護入院」の同意の仕組みを変更。家族が意思表示をしない場合でも，市町村長の同意で入院できるようにする。

難病患者等への支援も強化。医療費助成の開始時期を申請日から「重症化したと診断された日」に前倒しする。

❶改正前は努力義務。

❷精神保健福祉法，障害者雇用促進法等を含む。

❸グループホーム＝障害者等が生活支援を受けながら，少人数で共同生活を送る住居。

7

厚生

障害者情報アクセシビリティ・コミュニケーション施策推進法

2022年5月施行。障害者が必要とする情報を十分取得して利用し，円滑に意思疎通できるように，関連施策の策定や実施を国・地方の責務と定めた。

出る文

➡ 2021年の改正障害者差別解消法は，障害者に対する社会的障壁を除去するための「合理的配慮」を民間事業者にも義務づけた。

➡ 2022年の改正障害者総合支援法等は，障害者の希望，能力，適性等に合った就労選択を支援する制度を創設した。

年金制度

2022年度から施行段階に入った年金制度改正法。改正内容を再確認！

今や国民の約3割が公的年金受給権者。公的年金は高齢者世帯の収入の約6割を占め，老後生活の基本を支えている。

2020年，**年金制度改正法**が成立（一部を除き2022年4月施行）。長期化する高齢期の経済基盤を充実させるための改正だ。

◇被用者保険の適用拡大

改正法は**短時間労働者に被用者保険（厚生年金・健康保険）を適用すべき企業の範囲を拡大**。従業員数が500人超の企業に限られていた「企業規模要件」を段階的に引き下げる❶。具体的には，2022年10月に100人超の企業へ，2024年10月に50人超の企業へと拡大。被用者保険に加入できる短時間労働者を増やす。

また，5人以上の個人事業所について被用者保険が強制適用となる業種を見直し。弁護士や税理士など法律・会計事務を取り扱う「士業」を追加した。

◇高年齢者の年金受給の見直し

60歳以上の老齢厚生年金受給者が働いている場合，賃金と年金の合計額が一定以上になると，全部または一部の年金支給は停止。こうした仕組みを「在職老齢年金制度」と呼ぶ。賃金が高いと，年金が減らされたり，もらえなかったりして，高年齢者の就業意欲を損ねていると指摘されていた。

今回の改正法は**在職老齢年金制度を見直し**。60～64歳の対象者について，年金支給が停止される基準額を引き上げ，支給停止とならない範囲を広げた❷。

また，新たに「**在職定時改定制度**」を導入。65歳以上の在職中の老齢厚生年金受給者について，年金額を毎年10月に改定する。改正前は，65歳以上で働いて年金保険料を納めても，年金額が改定されるのは退職するとき，あるいは70歳になったとき。改正により，それま

❶賃金要件（月額8.8万円以上），労働時間要件（週労働時間20時間以上）等については変更なし。勤務期間要件については，1年以上としていたものをフルタイム労働者と同じ2か月超とする。

❷具体的には，支給停止が始まる賃金と年金の合計額の基準を月額28万円から47万円（2020年度額）に引き上げた。なお，65歳以上の人については，すでに月額47万円となっているので変更なし。

7

厚生

でに納めた保険料が早めに年金額に反映されるようになるわけだ。

さらに改正法は，**公的年金の受給開始時期の選択範囲を拡大**。公的年金の受給年齢は原則65歳だが，希望すれば早めにしたり遅めにしたりできる。受給開始時期について，改正前は「60歳から70歳の間」から選べたが，改正後は**「60歳から75歳の間」から選べる**ようになった。

◇ 確定拠出年金の見直し

「確定拠出年金（DC）」とは，公的年金に上乗せして給付を受ける私的年金の1つ。決められた掛け金を拠出して加入者本人が運用し，その運用結果に応じて年金を受け取る仕組みになっている。企業と加入者が掛け金を出す「企業型確定拠出年金（企業型DC）」と，加入者が掛け金を出す「個人型確定拠出年金（個人型DC，通称iDeCo）」とがある。

今回の改正法は，こうした**確定拠出年金の加入要件を見直し**。企業型DC加入者も原則としてiDeCoに加入できるようにする。

改正により，加入可能年齢も引き上げ❸。受給開始時期の選択範囲も拡大された❹。さらに，中小企業向け制度である「簡易型DC」と「iDeCo＋」の対象範囲を拡大。従業員が100人以下の企業から300人以下の企業にまで広げられた❺。

❸企業型DCについては「65歳未満」から「70歳未満」に，iDeCoについては「60歳未満」から「65歳未満」にそれぞれ引き上げた。

❹DCの受給開始時期を「60〜70歳までの間」から「60〜75歳までの間」に拡大した。

❺簡易型DCは，中小企業向けに設立手続きを緩和したDC。
iDeCo＋は，iDeCoに加入している従業員に対し，企業が追加で掛け金を拠出できる制度。

7

厚生

出る文

→ 2020年の年金制度改正法は，短時間労働者に被用者保険を適用すべき企業の範囲を段階的に拡大すると定めた。

→ 60〜64歳の「在職老齢年金制度」について，改正法は年金支給を停止する基準額を引き上げ，支給停止とならない範囲を広げた。

→ 年金制度改正法は，公的年金の受給開始時期の選択範囲を「60〜70歳の間」から「60〜75歳の間」に拡大した。

→ 年金制度改正法は，確定拠出年金について，加入可能年齢を引き上げ，また受給開始時期の選択範囲を拡大した。

❶2022年の日本の（　　　）は7年連続で低下し，1.26と過去最低となった。
→p.89

❷2023年4月，（　　　）の外局として，こども政策の司令塔となる「こども家庭庁」が設置された。
→p.90

❸2023年12月，政府は「こどもまんなか社会」の実現を目指す「（　　　）」を決定した。
→p.91

❹「こども・子育て支援加速化プラン」は，（　　　）手当の拡充，出産等の経済的負担軽減，医療費や高等教育費の負担軽減を盛り込んだ。
→p.93

❺「こども・子育て支援加速化プラン」は，男性の（　　　）取得率の政府目標を大幅に引き上げ，（　　　）給付を拡充するとした。
→p.93

❻2023年の改正健康保険法等は，出産育児一時金を増額し，その財源を（　　　）制度からも支援する仕組みを導入するとした。
→p.95

❼2023年の改正健康保険法等は，前期高齢者の医療費負担を保険者間で調整する仕組みにおいて（　　　）に応じた調整を導入するとした。
→p.95

❽2023年の（　　　）対策推進法は，（　　　）を社会全体の課題であると認識し，対策の策定や実施を国・地方の責務とした。
→p.98

❾2022年の改正障害者総合支援法等は，障害者の希望，能力，適性等に合った（　　　）を支援する制度を創設した。
→p.99

❿年金制度改正法は，公的年金の受給開始時期の選択範囲を「60〜70歳の間」から「60〜（　　　）歳の間」に拡大した。
→p.101

解　答

❶**合計特殊出生率**：アメリカやフランスなどに比べ低水準。

❷**内閣府**：他省庁に対する勧告権を持つ。

❸**こども大綱**：こども基本法に基づき，決定。数値目標も設定した。

❹**児童**：若い世代の所得向上を図る。

❺**育児休業**：男性（民間企業）の育児休業取得率の目標は，2025年に50％，2030年に85％に引き上げること。

❻**後期高齢者医療**：後期高齢者医療制度の保険料も段階的に引き上げる。

❼**報酬**：報酬が高い被用者保険がより多く費用負担するよう改める。

❽**孤独・孤立**：内閣府に「孤独・孤立対策推進本部」を設置。

❾**就労選択**：利用者にはハローワークが職業指導等を行う。

❿**75**：公的年金の受給年齢は原則として65歳。

第8章

労働

柔軟な働き方

出題可能性 ★ ★ ★

2023年，フリーランスを保護する法律が成立。「副業・兼業」は政府も後押し！

◇フリーランス

近年，働き方が多様化。フリーランスとして働く人も増えている❶。政府は，2021年に「フリーランスとして安心して働ける環境を整備するためのガイドライン」を策定。さらに2023年には**フリーランス・事業者間取引適正化等法**（特定受託事業者取引適正化等法）を成立させ，取引先の企業より立場が弱くなりがちな**フリーランスを保護するためのルールを定めた**❷。

同法は，フリーランスに業務を委託する発注企業に対し，取引条件（仕事内容や報酬等）を書面あるいはメール等で明示することを義務化。また，仕事の成果を受けとった日から原則60日以内に報酬を支払わなければならないと定めた。業務委託後の報酬の減額や受領拒否等は禁止。加えて，フリーランスの育児・介護への配慮やハラスメント対策のための体制整備も求めた❸。

◇副業・兼業

副業・兼業を希望する人は増加傾向。新技術の開発，オープンイノベーションや起業の手段，第2の人生の準備などに有効だと，政府も評価している。

2018年に厚労省は「**副業・兼業の促進に関するガイドライン**」を策定。2020年に改定し，労働時間管理や健康管理のルールを明確化した。

同ガイドラインは2022年にも改定。副業・兼業への対応状況に関する企業の情報公開を推奨した。

❶政府によるフリーランスの定義は「実店舗がなく，雇人もいない自営業主や一人社長で，自身の経験や知識，スキルを活用して収入を得る者」。

❷2023年5月から1年6か月以内に施行。

❸違反した場合，公正取引委員会や厚労大臣等が検査，指導，勧告，命令。命令違反には，50万円以下の罰金が科される。

✎ テレワーク

ICT（情報通信技術）を利用し，時間や場所を有効に活用できる柔軟な働き方。導入する中小企業への助成金支給など，政府も普及促進に努めている。

8
労働

出る文

➡ 2023年にフリーランス・事業者間取引適正化等法が成立し，フリーランスを保護するためのルールが定められた。

➡ 2022年に「副業・兼業の促進に関するガイドライン」が改定され，対応状況について企業は情報公開を推奨されるようになった。

非正規雇用

非正規雇用労働者の待遇改善も働き方改革。「同一労働同一賃金」の実現を願って1問！

◇非正規雇用の現状

パートタイム労働者，有期雇用労働者，派遣労働者といった**非正規雇用労働者が役員を除く全雇用者に占める割合は約4割❶**。非正規雇用労働者数は，コロナ禍で2020年と2021年には減少したが，2022年には増加して2101万人となった。

正規雇用を希望しながら，非正規雇用で働く人は非正規雇用者の1割程度（10.3％）❷。25～34歳の若年層ではやや高くなっている（15.6％）。

◇非正規雇用の処遇改善

多くの非正規雇用労働者が職場にいる以上，「同一労働同一賃金」の実現は当然の政策課題。**働き方改革関連法は，雇用形態にかかわらない公正な待遇の確保に向けた規定を整備した**❸。

まず，**正規雇用労働者と非正規雇用労働者の間の不合理な待遇差をなくすための規定**を整備。パート・有期・派遣労働者について，「均衡待遇（働き方の違いに応じてバランスの取れた処遇）」や「均等待遇（同じ働き方では同じ処遇）」を統一的に定めるとした。

また，**非正規雇用労働者の待遇に関する説明義務を強化**。非正規雇用労働者の雇入れ時に待遇内容を説明することや，非正規雇用労働者からの求めに応じて正規雇用労働者との待遇差の内容・理由について説明することを事業主に義務づけた。

❶以下の統計数値は，『令和5年版厚生労働白書』による。

❷非正規雇用を選んだ理由で最も多いのは「自分の都合のよい時間に働きたいから」（33.5％）。

❸2020年4月施行（中小企業は2021年4月）。

8

労働

出る文

➡ 非正規雇用労働者は役員を除く全雇用者の約4割を占めており，2022年には前年より増加して2101万人となった。

➡ 働き方改革関連法は，正規雇用者と非正規雇用者の間の不合理な待遇差をなくすための規定を整備した。

労働時間制度

長時間労働の是正も働き方改革。残業時間は法律できっちり規制！

働き方改革関連法（以下，改革法）は労働時間制度を大きく見直し❶。長時間労働をなくし，有給休暇を取りやすくし，ワーク・ライフ・バランスを実現することを目指している❷。

◇時間外労働の上限規制等

改革法は，残業（時間外労働）の上限を原則として月45時間，年360時間に規制。臨時の特別な事情があって労使が合意する場合でも，年720時間以内，単月100時間未満，複数月平均80時間を限度とし，月45時間を超えるのは年間6か月までとする❸。違反した場合，罰則を科す。

また，年5日の年次有給休暇の取得を義務化。使用者は，年10日以上の年次有給休暇が与えられる労働者に対し，希望を踏まえて時季を指定し，年5日の年次有給休暇を取得させなければならない。違反には罰則を科す。

◇勤務間インターバル制度等

改革法は，「勤務間インターバル制度」の導入を努力義務化。事業主は，前日の終業時刻から翌日の始業時刻の間に一定時間の休息を確保するよう努めなければならない❹。

また，割増賃金率についての中小企業への猶予措置を廃止。月60時間を超える残業に支払われる割増賃金率を50%以上とする定めを中小企業にも適用する❺。

❶原則2019年4月施行（中小企業は一部を除き2020年4月施行）。

❷改革法はフレックスタイム制の「清算期間」の上限も延長。

❸医師やトラック・バス・タクシーの運転手等にも，2024年4月から時間外労働の上限規制を適用。臨時の特別な事情がある場合の上限は一般労働者とは異なり，医師は年960時間（特定の場合は1860時間）以内かつ月100時間未満，運転手は年960時間以内。

❹2022年の厚労省調査によると，導入企業の割合はまだ5.8%で，普及が課題。

❺2023年4月施行。

8
労働

出る文

➡ 働き方改革関連法は，残業時間の上限について「月45時間，年360時間」を原則とすると定めた。

➡ 働き方改革関連法は，「勤務間インターバル制度」の導入を事業主の努力義務とした。

労働時間

働き方改革関連法の施行で注目される労働時間。現状把握は不可欠！

◇1人当たりの労働時間

　労働者1人当たりの年間総実労働時間は，長期的には緩やかに減少❶。2022年の年間総実労働時間（事業所規模5人以上）は，前年と同じ1633時間だった。

　2022年の年間総実労働時間は，一般労働者では1948時間（前年は1945時間）。4年連続で2000時間を下回った。一方，パートタイム労働者では955時間（前年は946時間）。4年連続で1000時間を下回った。

　1週間の就業時間が60時間以上に及ぶ長時間労働に従事する雇用者（非農林業）の割合は，2003年と2004年の12.2％をピークに低下傾向。だが，2022年には前年より0.1ポイント上昇し，5.1％となった。

　欧州諸国との比較では，日本の年平均労働時間は依然として長いまま。週49時間以上働いている長時間労働者の割合を比べても日本は高く，特に男性では顕著に高くなっている❷。

◇年次有給休暇

　年次有給休暇取得率は，2000〜2016年には5割を下回って推移。だが，2017年に5割を上回るようになり，2022年には6割を超え，過去最高の62.1％に上昇した（取得日数は10.9日で過去最多）。

　とはいえ，政府目標は，2025年までに年次有給休暇取得率を70％以上とすること。達成にはまだ遠い。

❶パートタイム労働者比率が上昇傾向にあり，年間総実労働時間の減少要因となっている。

❷週49時間以上働いている労働者比率

	全体	男性
日本	15.3	21.8
イギリス	11.4	16.1
フランス	8.8	12.1
ドイツ	5.3	7.7
アメリカ	14.5	18.5

（単位は％，2022年）

✎ 高度プロフェッショナル制度

　職務の範囲が明確で，一定の年収要件を満たす労働者が，高度な専門的知識を要する業務に従事する場合，労働基準法上の労働時間，休日，深夜の割増賃金等の規定を適用除外とする制度。働き方改革関連法で創設。

8
労働

出る文

➡2022年の一般労働者の年間総実労働時間は，4年連続で2000時間を下回った。

➡年次有給休暇取得率は2017年以降5割を上回るようになり，2022年には6割を超え，過去最高の62.1％に上昇した。

雇用保険法・職業安定法 出題可能性 ★ ★

2022年に改正法が成立。制度改正は出題に直結！

2022年，改正雇用保険法等が成立❶。併せて職業安定法も改正された。

◇雇用保険制度

今回の法改正のねらいは雇用保険財政の安定化❷。コロナ禍で保険財政が悪化したためだ。

改正法はまず**雇用保険料率を改定**。暫定的に引き下げていた保険料率を2022年度に引き上げた❸。

さらに失業等給付について，**雇用情勢等の状況に応じて国庫負担割合を変動させる仕組み**を導入。別枠で**機動的に国庫からの繰入れができる制度**も創設する。

◇職業安定法の改正

職業安定法の改正では，安心して求職活動できる環境を整備。マッチング機能の質の向上も図る❹。

改正法は，**インターネット上の公開情報を利用する新たな形態の求人メディアも規制対象に追加**。特に，求職者に関する個人情報を収集する「特定募集情報等提供事業者」には届出制を導入し，事業概況の報告を求める。

また，**求人情報等の的確な表示を義務化**。求人企業，職業紹介事業者，募集情報等提供事業者は，情報を最新で正確な内容に保たなければならない。加えて，**募集情報等提供事業者についても，個人情報の保護や苦情処理体制の整備等**を義務づけた。法令違反には改善命令を出せる。

❶雇用保険とは，労働者が失業したときなどに必要な給付を行う社会保険制度。保険料は給与の一定割合を労使双方が支払う。

❷雇用保険関連の改正は一部を除き，2022年4月施行。

❸法が定める本来の保険料率より，低い水準に抑えた。

❹職業安定法関連の改正は2022年10月施行。

出る文

→ 2022年の改正雇用保険法等は，状況に応じて国庫負担率を変動させる仕組みや機動的に国庫からの繰入れができる制度を導入した。

→ 2022年の改正職業安定法は，求人情報等についての的確な表示や，募集情報等提供事業者による個人情報の保護等を義務づけた。

育児・介護休業

政府が力を入れる仕事と育児・介護の両立。将来に備えて制度を熟知！

◇育児・介護休業制度

働きながら育児や介護を続けるのは難しい。育児・介護休業法はこれをサポートするための法律だ❶。

育児・介護休業法は，原則として子どもが1歳に達するまでの間，労働者に育児休業を保障❷。男女ともに取得できる。**2022年度の育児休業取得率は，女性が80.2%，男性が17.13%**（民間企業の労働者）。男性は10年連続で上昇し，過去最高となった。

政府は男性の育児休業取得率についての目標を大幅に引き上げ❸。2025年に50%，2030年に85%にするとしている❹。

◇育児・介護休業法の改正

2021年，**改正育児・介護休業法等が成立**（2022年4月以降順次施行）。目玉は男性の育児休業取得を促すための「**産後パパ育休（出生時育児休業）**」の創設だ。

この育休は子どもの出生後8週間以内に4週間まで取得可能（分割して2回取得も可能）。通常の育児休業とは別に取得できる。

同法は，育休を取りやすい雇用環境の整備や，労働者への個別の周知と意向確認を事業主に義務化。このほか，育休の分割取得（分割して2回まで）を可能とした。有期雇用労働者の育児・介護休業取得要件も緩和。従業員1000人超の事業主には，育児休業等の取得状況についての公表を義務づけた。

❶育児・介護休業法は，家族を介護・看病するための介護休業も保障。要介護状態にある対象家族1人につき，通算93日まで3回を上限に分割して取得できる。

❷保育所に入れない場合などは，最長で2歳まで延長可能。

❸2023年の「こども未来戦略」等に明記。元の目標は「2025年までに30%」だった。

❹国・地方の公務員については，1週間以上の取得率を2025年度に85%，2週間以上の取得率を2030年度に85%とするとしている。

8

労働

出る文

➡ 2022年度の育児休業取得率は，女性では80%を超えており，男性では過去最高の約17%となった。

➡ 2021年の改正育児・介護休業法は，男性の育児休業取得を促すため，「産後パパ育休」を創設した。

女性の就業

出題可能性 ★ ★

女性の就業率アップは重要な政策課題。M字カーブ，L字カーブって何だ？！

◇M字カーブとL字カーブ

女性の労働力率を年齢別に描いたときの形は，1982年には，「25〜29歳」と「30〜34歳」を底とする「**M字カーブ**」。結婚・出産期に当たる年代にいったん低下し，育児が落ち着いた時期に再び上昇していたためだ。

だが，2022年には，1982年に比べ，それぞれの年齢層の労働力率が上昇。全体の形もカーブが浅くなり，欧米諸国で見られるような**台形に近づいている❶**。

一方，女性の正規雇用労働者比率を年齢別に描いたときの形は「**L字カーブ**」❷。20代後半でピークを迎えた後，低下を続けるためだ❸。M字カーブが解消しつつある昨今，L字カーブの解消が新たな課題となっている。

◇男女雇用機会均等法

性差別のない雇用環境をつくるための法律が**男女雇用機会均等法**。募集・採用，配置・昇進・教育訓練，定年・解雇等での性差別や，婚姻，妊娠・出産等を理由とする解雇やその他の不利益な取扱いを禁止している。

また同法は，職場におけるセクシュアルハラスメント（セクハラ）や，妊娠・出産等に関するハラスメント（マタニティハラスメント，マタハラ）への対策も規定❹。2019年の改正法はこうした対策を強化し，**セクハラ等の相談をした労働者への不利益な取り扱いを禁止**した（2020年6月施行）。

❶一番低い年齢階級も「35〜39歳」へと上昇。

❷実際に描くと「へ」の字の形になるが，政府はL字カーブと呼んでいる。

❸2022年は，25〜29歳の59.7％がピーク。

❹事業主に対し，相談体制の整備などのセクハラ防止措置やマタハラ防止措置をとることを義務づけている。

8
労働

出る文

➡ 女性の労働力率を年齢別に描いたときの「M字カーブ」は，2022年にはカーブが浅くなり，台形に近づいている。

➡ 2019年の改正男女雇用機会均等法は，セクハラ等の相談をした労働者への不利益な取り扱いを禁止した。

若年者の雇用

出題可能性 ★ ★

政府は若者の就職を支援。しっかり学んで公務員の仕事をゲット！

◇若年層の雇用状況

若年層の完全失業率は他の年齢層に比べ高水準。2022年の15～24歳層の完全失業率は前年より0.2ポイント低下し4.4%だった。一方，25～34歳層の完全失業率は3.6%。前年より0.2ポイント低下した。

景気が回復し，企業の採用意欲が向上。2023年3月卒業者の就職率は，大卒では97.3%と前年より1.5ポイントも上昇した。また，高卒でも前年より0.1ポイント上昇。98.0%となった。

◇フリーターとニート

2022年のフリーターの数は132万人❶。前年に比べ6万人減少した。

ハローワークでは，フリーターなどの正規雇用化を支援。「わかものハローワーク」（2023年4月時点で全国21か所）等で担当者制による個別相談支援や就職後の定着支援などを実施している❷。

トライアル雇用制度の普及も促進。フリーター等を試しに3か月間雇用して，よければ本採用する制度だ。トライアル雇用を行う企業には「トライアル雇用助成金」が支給される。

一方，若年無業者（ニート）の数は2022年で57万人❸。前年に比べ1万人減少した。地域におけるニート対策の中核機関は「地域若者サポートステーション（通称サポステ）」。ニートの自立を支援している。

❶フリーター＝15～34歳の若年者（主婦・学生を除く）のうち，パート・アルバイト雇用者か，パート・アルバイトを希望する者。

❷2022年には10.4万人が就職した。

8

労働

❸若年無業者＝15～34歳の非労働力人口のうち家事も通学もしていない者。

出る文

➡ 2022年の若年層の完全失業率は，15～24歳層では前年より低下し4.4%，25～34歳層でも前年より低下し3.6%となった。

➡ ハローワークではフリーターの正規雇用化を支援しており，2022年のフリーター数は前年より6万人減少し，132万人となった。

高齢者の就業

出題可能性 ★ ★

雇用対策では高年齢者向けも重要。政府が打ち出しているのは70歳までの就業支援！

◇高齢者の就業機会の確保

2020年，改正雇用保険法等（改正高年齢者雇用安定法を含む）が成立。**70歳までの就業支援策**を打ち出した**❶**。

改正法は，**65～70歳の「高年齢者就業確保措置」を事業主の努力義務と規定❷**。65～70歳の就業機会を確保するため，事業主は①70歳までの定年引き上げ，②70歳までの「継続雇用制度」の導入，③定年廃止，④労使で同意したうえでの「雇用以外の措置」（業務委託契約を締結する制度や社会貢献活動に従事できる制度）の導入，のいずれかに努めなければならない。

また改正法は，こうした措置の導入等に対する支援を雇用保険における「雇用安定事業」に位置づけた。

政府が目指すのは，年齢にかかわりなく活躍できる**生涯現役社会**。ハローワークも「生涯現役支援窓口」を設置し，特に65歳以上の求職者の支援を強化している。

◇高齢者の就業状況

労働力人口に占める65歳以上の高齢者の割合は上昇傾向。2022年には13.4％となった（前年と同水準）。

高齢者の就業も拡大。2022年の就業率は，60～64歳73.0％，65～69歳50.8％，70～74歳33.5％に達している。男性だけだと，60～64歳83.9％，65～69歳61.0％，70～74歳41.8％と高水準。60歳以降も多くの人が働いており，**60代後半でも約6割が就業している**。

❶2021年4月施行。

❷もともと高年齢者雇用安定法は，65歳までの雇用を確保するための「高年齢者雇用確保措置」（定年引き上げ，継続雇用制度の導入，定年廃止のいずれか）を事業主に義務化。2022年6月現在，企業（21人以上規模）の実施率は，「高年齢者雇用確保措置」が99.9％，「高年齢者就業確保措置」が27.9％。

8
労働

出る文

➡ 2020年の改正高年齢者雇用安定法は，65～70歳の「高年齢者就業確保措置」を事業主の努力義務と定めた。

➡ 高齢者の就業は拡大しており，2022年には60代後半の男性の約6割が就業している。

障害者の雇用

出題可能性 ★ ★ ★

障害者雇用は着実に進展。一層の拡大を祈念して１問！

◇障害者雇用の現状

障害者の自立に必要なのは雇用の確保。そのため障害者雇用促進法は「法定雇用率」を定め，民間企業や国・地方自治体等に障害者を雇用するよう促している❶。

民間企業における雇用障害者数は順調に増加。2022年６月時点では，前年に比べ2.7％増加し，61.4万人となった。19年連続で過去最多を更新した。

2022年６月時点の**民間企業の実雇用率は2.25％**。前年の2.20％より上昇し，11年連続で過去最高を更新した。とはいえ，依然として**法定雇用率（2.3％）には及ばなかった**。

2018年，国や地方自治体が障害者雇用の算定で障害者数を水増ししていたことが発覚。その後，国や地方自治体での障害者雇用が進んだ。2022年６月時点の雇用障害者数は前年に比べ増加。実雇用率も上昇した❷。

◇障害者雇用促進法の改正

2022年，障害者雇用促進法の改正を含む改正障害者総合支援法等が成立❸。**障害者雇用促進法**では，障害者雇用の質を向上させるための改正がなされた。

改正法は，**事業主の責務に障害者の職業能力の開発・向上を追加**❹。また，就労機会を拡大するため，特に短い時間（週所定労働時間10時間以上20時間未満）で働く重度の身体・知的障害者と精神障害者について，実雇用率の算定対象に加えた❺。

❶2022年の法定雇用率は，民間企業2.3％，国・地方自治体2.6％。

❷国の機関の雇用障害者数は9700人（前年比1.0％増）で，実雇用率は2.85％。一方，都道府県の雇用障害者数は1万人（前年比2.6％増）で，実雇用率は2.86％。

❸p.99参照。

❹2023年４月施行。

❺2024年４月施行。このほか改正法は，障害者の雇入れ・雇用継続に関する相談援助等への助成措置を新設。

8

労働

出る文

➡ 民間企業における雇用障害者数は順調に増加してきたが，2022年の民間企業の実雇用率は法定雇用率を下回った。

➡ 2022年の改正障害者雇用促進法は，事業主の責務に障害者の職業能力の開発・向上を追加した。

労働の出る文穴埋めチェック

❶ 2023年に（　　　）・事業者間取引適正化等法が成立し，（　　　）を保護するためのルールが定められた。　　　　　　　　　　　　　　　　→p.104

❷ 非正規雇用労働者は役員を除く全雇用者の約（　　　）割を占めており，2022年には前年より増加して2101万人となった。　　　　　　　　　　　　→p.105

❸ 働き方改革関連法は，正規雇用者と非正規雇用者の間の不合理な（　　　）差をなくすための規定を整備した。　　　　　　　　　　　　　　　　→p.105

❹ 働き方改革関連法は，残業時間の上限について「月45時間，年（　　　）時間」を原則とすると定めた。　　　　　　　　　　　　　　　　　　→p.106

❺ 2022年の一般労働者の年間（　　　）は，4年連続で2000時間を下回った。
　　　　　　　　　　　　　　　　　　　　　　　　　　　　　→p.107

❻ 2022年の改正雇用保険法等は，状況に応じて（　　　）負担率を変動させる仕組みや機動的に（　　　）からの繰入れができる制度を導入した。　→p.108

❼ 2021年の改正育児・介護休業法は，男性の育児休業取得を促すため，「（　　　）育休」を創設した。　　　　　　　　　　　　　　　　　　→p.109

❽ 女性の労働力率を年齢別に描いたときの「（　　　）カーブ」は，2022年にはカーブが浅くなり，台形に近づいている。　　　　　　　　　　　→p.110

❾ 2020年の改正高年齢者雇用安定法は，65〜70歳の「高年齢者就業確保措置」を事業主の（　　　）と定めた。　　　　　　　　　　　　　　→p.112

❿ 民間企業における雇用（　　　）数は順調に増加してきたが，2022年の民間企業の実雇用率は法定雇用率を下回った。　　　　　　　　　　　→p.113

8
労働

解　答

❶ **フリーランス**：業務を委託する発注企業に取引条件の明示等を義務づけた。

❷ **4**：不本意非正規雇用者は非正規雇用者全体の1割程度。

❸ **待遇**：パート・有期・派遣労働者の間で「均衡待遇規定」「均等待遇規定」を統一的に整備した。

❹ **360**：残業の上限を法定化した。

❺ **総実労働時間**：2022年は1948時間だった。

❻ **国庫**：雇用保険財政の安定を図るための改正。

❼ **産後パパ**：子どもの出生直後に取得できるようになる。

❽ **M字**：欧米諸国では台形。

❾ **努力義務**：定年引き上げ，継続雇用，定年廃止，労使で同意したうえでの雇用以外の措置の導入のいずれかを努力義務として要請。

❿ **障害者**：2022年の法定雇用率は2.3％で，実雇用率は2.25％だった。

第 9 章

文部科学

令和の日本型学校教育

日本の学校教育の新しい指針が決定。試験対策もアクティブに！

◇日本型学校教育の課題

2021年，中央教育審議会（中教審）は「**令和の日本型学校教育**」の構築を目指して（答申）を決定。子どもたちの知・徳・体を一体で育んできたこれまでの「日本型学校教育」の成果を評価しながらも，課題解決に向けた改革が必要になったと述べた。

今の学校教育の課題については，**学校の負担増大，子どもたちの多様化，生徒の学習意欲の低下，教師の長時間労働**を指摘。さらに，情報化への対応の遅れ，少子化の影響，感染症への対応を挙げた。

答申は，「令和の日本型学校教育」の在り方を「全ての子供たちの可能性を引き出す，**個別最適な学びと，協働的な学びの実現**」と表現。各学校に対し，個人に応じた指導と他者との協働体験を併せて充実させ，「**主体的・対話的で深い学び（アクティブ・ラーニング）**」の実現を図るよう求めた❶。

教員の役割については，子どもの「**主体的な学びを支援する伴走者**」と描写❷。家庭や地域と連携しながら学校運営に当たるチームの一員としての責務も求めた。

ICT（情報通信技術）については，「必要不可欠な基盤的ツール」として重視。ただし，ICTの利用が自己目的化しないように留意し，**従来の対面授業方式とうまく組み合わせていくことが大切**だとした。

◇令和の日本型学校教育を担う教師の在り方

2022年，中教審は「**令和の日本型学校教育**」を担う**教師の養成・採用・研修等の在り方について**（答申）を決定。改革の方向性として，①「新たな教師の学びの姿」の実現（研修観の転換），②多様な専門性を有する質の高い教職員集団の形成，③教員志望者の多様化や教師のライフサイクルの変化を踏まえた育成と安定的な確保の3つを掲げた❸。

📝 学級編制の変更

政府は公立小学校の1クラスの標準児童数（定足数）を40年ぶりに変更。2021年度からの5年間で「40人以上」から「35人以上」に引き下げる。

❶指導の個別化や学習の個性化が「孤立した学び」にならないように，「協働的な学び」が併せて進められる。

❷指導体制では小学校高学年からの教科担任制を推進する。

❸教員免許法等の改正により教員免許更新制は2022年7月で廃止。教師の負担だった10年ごとの免許更新とそのための講習がなくなった。2023年度からの新研修制度では，教育委員会等が策定した教員育成指標に基づき，教員が自主的に研修。その記録を教育委員会等が活用して指導や助言を行う。

◆教育振興基本計画

2023年6月，政府は新たな**教育振興基本計画（第4期）**を閣議決定。「2040年以降の社会を見据えた**持続可能な社会の創り手の育成**」と「**日本社会に根差したウェルビーイングの向上**」をコンセプトに，2023年度から5年間の教育の方向性を示した❹。

新基本計画が設定した**基本的な方針**は以下の5つ。①グローバル化する社会の持続的な発展に向けて学び続ける人材の育成，②誰一人取り残されず，全ての人の可能性を引き出す共生社会の実現に向けた教育の推進，③地域や家庭で共に学び支え合う社会の実現に向けた教育の推進，④教育デジタルトランスフォーメーション（DX）の推進，⑤計画の実効性確保のための基盤整備・対話の5つだ。この方針の下，教育未来創造会議の提言（p.118）も踏まえつつ，16の具体的目標や指標が示された。

そのうち，グローバル人材については，**留学に関する数値目標を設定**（p.119）。イノベーション人材については，**起業家教育の受講者増**を明記し，理系学生の割合を5割程度に高めることも公約化した（p.118）。

社会的包摂については，**不登校特例校**の目標数を300と設定❺。生涯教育では，**リカレント教育**（社会人の学び直し）の経験者数の増加を図る。

教師の働き方改革も重要課題として推進。教師の在校時間の短縮などの具体策が盛り込まれた。

❹ウェルビーイングとは身体的・精神的・社会的なよい状態。生きがいや人生の意義なども含む。欧米では能力や地位などの獲得的要素が重視されるが，日本では利他性や協働性といった協調的要素も大切とされる。基本計画は両要素を一体的に育む日本発のウェルビーイングの実現を目指すとしている。

❺2023年3月,文科省は不登校対策として「COCOLOプラン」を策定。

教員による児童生徒性暴力防止法

2022年4月施行。性暴力の禁止や防止措置に加え,性暴力で免職となった元教員の復職を厳しく制限。

9

文部科学

出る文

➡ 中教審は2021年,「令和の日本型学校教育」についての答申で,個別最適な学びと協働的な学びの充実を掲げた。

➡ 2022年,中教審は「令和の日本型学校教育」を担う教師の養成・採用・研修等の在り方について答申をまとめた。

➡ 2023年6月に閣議決定された教育振興基本計画は,コンセプトに「日本社会に根差したウェルビーイングの向上」を掲げた。

➡ 新たな教育振興基本計画は,教育における社会的包摂に向け,不登校特例校の目標数などを定めた。

教育未来創造会議

出題可能性 ★ ★ ★

岸田内閣の教育未来創造会議が始動。2つの提言のポイントをすっきり整理！

岸田首相は2021年，自らを議長とする「**教育未来創造会議**」を創設**❶**。高等教育の在り方や教育と社会の接続について集中的に議論するとした。

◇第一次提言：大学等と社会の在り方

教育未来創造会議は，2022年，第一次提言「**我が国の未来をけん引する大学等と社会の在り方について**」を発表。「成長と分配の好循環」や「新しい資本主義」の実現に向け，教育・人材育成関連の施策をまとめた。

理系人材の不足については数値目標を設定して取組みを強化。自然科学分野の学生割合については現状の35％からOECD諸国で最も高い5割程度に高めることを掲げるとともに，理系の女子学生の数を男子と同程度にまで増やすべきだとした**❷**。

ねらいは日本の発展に貢献できる**高度専門人材の育成**。デジタル，人工知能，グリーン（脱炭素化等），農業，観光などの分野での人材不足に対応する。目標達成に向けては理系離れ対策も不可欠。高校初期での文理分断教育を止めることや，**文理の枠にとらわれない大学の学部・学科の再編**を求めた。

大学改革については，同じ地域の大学どうしの連携・統合，産学官の協働による人材育成機能の強化，教員1人当たりの学生数（ST比）の改善なども提言。厳格な卒業認定を行う「出口の質保証」の確立も図る。

学びの支援では給付型奨学金と授業料減免の中間層への拡大を提唱。貸与型奨学金では**ライフイベントに応じた柔軟な返還（授業料後払い）の仕組みを創設**し，家庭の経済事情にかかわらず学べる環境の充実を図る**❸**。

リカレント教育（社会人の学び直し）の促進では，企業での人材評価の改善を提言。成人学習参加率が高い国ほど労働生産性が高い傾向にあることを踏まえ，学び直しをする従業員に報酬を出す企業を支援するとした。社会人の学びのポータルサイト「マナパス」も拡充する。

❶この会議は安倍首相が2013年に立ち上げた「教育再生実行会議」を引き継ぐ。

❷理数の学びに関するジェンダーバイアスの排除については，幼少期から家庭や学校での取組みを推進する。

❸まず大学院修士段階を対象に2024年度から始める。

✎ 新学習指導要領

学習指導要領は文科省が定める教育課程の基準。2020〜2022年度にかけて新指導要領が小中高で実施された。小学校では外国語教育を拡充し，プログラミング教育を導入した。また，小中高を通じて主権者教育，消費者教育，防災教育などを充実させ，高校では新科目「公共」が追加された。

9
文部科学

◆第二次提言：留学促進イニシアティブ

　教育未来創造会議は，2023年5月，第二次提言「未来を創造する若者の留学促進イニシアティブ」を発表。グローバル人材の育成強化を図るため，留学等について次のような数値目標を掲げた。

　日本人学生の派遣については，2033年までに仏独と同水準の**50万人に増やすことを明記**（コロナ前は22.2万人）。内訳は高校生12万人（短期研修11万人，留学1万人），大学生38万人（中短期留学23万人，学位取得を目指す長期留学15万人）だ。

　一方，**外国人留学生の受入れ**については，2033年までに**40万人に増やすことを明記**（コロナ前は31.8万人）。そのうち2万人は高校での受入れとした。また，優秀な学生を早期に獲得することを視野に，大学院での留学生割合についても数値目標を設定。修士課程では20％，博士課程では33％とした**❹**。

　教育の国際化に向けた取組みでは，英語のみで卒業・修了できる学部・研究科の目標数を明記（学部は86から200へ，研究科は276から400へ）。また学位については，海外大学とのジョイント・ディグリーやダブル・ディグリーの導入も推進する。高校については，英語で複数教科の授業を受けられる高校の目標数を設定（50から150へ）。対面で国際交流を行う高校の割合を全高校の半数にまで高めることも盛り込んだ**❺**。

トビタテ！留学 JAPAN

　2013年に始まった留学促進キャンペーン。政府だけでなく，官民協働で進められている。2023年度からの5年間を「第2ステージ」と位置づけ，取組みの強化を図っている。

❹留学生が卒業後に日本国内で就職する割合についても，現状の48％を60％にするという目標を掲げた。

❺中学・高校段階におけるオンライン等を利用した国際交流については，現状の実施率20％を100％に高めるとした。

9

文部科学

出る文

→ 教育未来創造会議の第一次提言は，理系を専攻する学生の割合を5割に高めることを目標に掲げた。

→ 教育未来創造会議の第一次提言は，高度専門人材の育成に向け，文理の枠にとらわれない改組を大学に求めた。

→ 社会人の学び直しであるリカレント教育については，生産性の向上にも寄与するため，導入する企業への支援が図られる。

→ 教育未来創造会議の第二次提言は，グローバル人材の育成強化に向け，留学に関する数値目標などを設定した。

ICT教育

ChatGPTで宿題のポエムをつくったら，先生がAI使って見破った。これが新しい教育現場?!

◇GIGAスクール構想

政府は2019年から「GIGAスクール構想」を推進。義務教育段階における「**1人1台端末**」と，小中高校における「**高速通信環境**」の整備を進めてきた。

コロナ禍で教育にもオンラインの利活用が求められるなか，整備は前倒しで進捗❶。2021年3月末には97.6％の自治体で端末の納品が完了し，4月から「1人1台端末」環境下での新しい学びがスタートした❷。

ICTの利活用は，教育振興基本計画でも最重要扱い（p.117）。**教育DXの推進**が基本方針の1つに掲げられ，政策目標にはデジタル人材の育成やICT環境の充実などが盛り込まれた。

◇生成AIへの対応

2023年7月，文科省は「**初等中等教育段階における生成AIの利用に関する暫定的なガイドライン**」を策定。今後，中教審などで議論が深まるため，あくまで暫定としながら，国として一定の考え方を示した。

学習指導要領が情報活用能力を「学習の基盤となる資質・能力」と位置づけていることから，生成AIの仕組みや特徴の理解は重要と指摘。ただし，個人情報の流出，著作権侵害のリスク，偽情報の拡散，学習意欲への影響等が懸念されるとして，**児童生徒の発達段階を十分に考慮して活用すべきだとした**❸。

❶当初は2023年度までの整備が計画されていた。

❷文科省は2021年を「GIGAスクール元年」と位置づけている。

❸特に小学校段階の児童の利用には「慎重な対応」を求めた。また，適切な利用とはいえない例として，文学・音楽・美術などの表現活動で安易に利用させること，定期考査や小テストで子どもに使わせること，教師が児童生徒の学習評価をAIの出力で行うことなどを挙げた。一方，英会話の相手とすること，高度なプログラミングで利用すること，教師が教材や報告書のたたき台を作成することなどについては容認した。

9 文部科学

出る文

➡ 文科省は「GIGAスクール構想」を掲げ，学校における「1人1台端末」と「高速通信環境」を整備してきた。

➡ 生成AIの活用について，文科省は，児童生徒の発達段階を十分に考慮し，また生成AIの特徴を踏まえて行うべきだとしている。

科学技術政策

出題可能性 ★ ★

科学技術の学習もまずは政府の指針から。先端科学の戦略領域に注目！

◇科学技術・イノベーション基本計画

第6期科学技術・イノベーション基本計画は，2021年度から5年間の日本の科学技術施策の指針❶。コロナ後の社会情勢について「科学技術・イノベーションを中核とする国家間の覇権争いの激化」を指摘し，脱炭素化やビジネスモデル転換などが重要課題だと述べた。

新基本計画は**Society 5.0の具体化による社会のリデザインを提唱**❷。高水準の科学研究や技術力に，信頼・分かち合いなどの日本的価値観やSDGsを結びつけ，「国民の安全と安心を確保する持続可能で強靱な社会」と「一人ひとりの多様な幸せ（well-being）が実現できる社会」をつくっていく，と宣言した。

研究基盤の強化に向け，**10兆円規模の大学ファンドの創設**も明記。将来的には，参加する大学が原資を運用して，自ら研究資金をまかなうことを目指す❸。

◇統合イノベーション戦略

統合イノベーション戦略2023は，2023年6月に閣議決定。基本計画の実行に向けた具体策が示された。

先端科学技術の戦略的な推進，知の基盤と人材育成の強化，イノベーション・エコシステムの形成の3つが政策の基軸。官民連携で推進する分野として，**AI技術，バイオテクノロジー，量子技術，マテリアル（材料），フュージョンエネルギー（核融合），健康・医療，宇宙，海洋，食料・農林水産業**を定め，開発強化を図る。

❶科学技術・イノベーション基本法（2020年改正）に基づき策定。

❷Society 5.0とは狩猟社会，農耕社会，工業社会，情報社会に続く超スマート社会。サイバー空間とフィジカル空間を高度に融合させ，経済発展と社会的課題の解決を目指す。

❸人材育成については若手の研究ポストの確保や女性研究者の活躍促進を重視。

✎『科学技術・イノベーション白書』

2023年版白書は地域の特性を生かしたイノベーションを特集。地域イノベーション拠点の例などを紹介した。

9

文部科学

出る文

→ 2021年度からの科学技術・イノベーション基本計画は，Society 5.0の具体化による社会のリデザインを提唱した。

→ 統合イノベーション戦略2023は，AI技術，量子技術，フュージョンエネルギー（核融合）など9分野を戦略的に強化するとした。

宇宙開発

注目は日本の新型ロケット。名誉挽回に向け，今後の出題に期待！

◇宇宙基本計画

　2023年5月，政府は**宇宙基本計画**を閣議決定。今後10年間の宇宙政策の指針を明示した。

　3年ぶりの改定は，2022年12月の国家安全保障戦略の影響によるもの。ゆえに，基本計画に合わせた戦略文書として，同月には**宇宙安全保障構想**も発表された。

　JAXA（宇宙航空研究開発機構）については，民間企業や大学への資金供給機能を強化❶。もちろん宇宙ビジネスの育成と活性化がねらいだ。

◇国産ロケット開発

　JAXAが力を入れているのは新型国産ロケットの開発。大型では「H3ロケット」，小型では「イプシロンロケット」の完成を目指している。

　このうち「**H3**」は「**H-ⅡA**」「**H-ⅡB**」に代わる**日本の主力ロケット**。国際宇宙ステーション（ISS）への物資輸送での活躍が期待されている。ところが，2023年3月の1号機（試験機）の打ち上げは残念ながら失敗。2段目のエンジンに着火できず，地球観測を行う先進光学衛星「だいち3号」ともども破壊された❷。

　一方，小型の「**イプシロン**」は，運用コストに優れていることが最大の特徴。宇宙ビジネスの拡大を視野に開発が進められ，2013年の1号機から2021年の5号機までは順調に打ち上げられてきた。

　ところが，こちらも受難続き。2022年10月の6号機は打ち上げに失敗し，2023年7月には燃焼試験施設が爆発で損傷してしまった。次の打ち上げは改良型の「イプシロンS」になるが，日程は未定だ。

　一方，「**H-ⅡAロケット**」の打ち上げは順調そのもの。2023年は1月には46号機が「情報収集衛星レーダー7号機」を，9月には47号機が小型月面探査機「SLIM（スリム）（後述）」や，X線天文衛星「XRISM（クリズム）」の打ち上げに成功した❸。

❶政府は今後「宇宙技術戦略」を策定する予定。

❷JAXAは2024年2月にH3ロケット試験機の2号機を打ち上げると発表した。

❸「情報収集衛星」は，日本の安全保障や大規模災害対策といった危機管理のために地上を観測する衛星。事実上，北朝鮮の軍事施設などを監視する偵察衛星とされる。

✎ はやぶさ2

　小惑星探査機「はやぶさ2」は，次の小惑星に向け飛行中。到着は2031年の予定だ。なお，2020年に地球に届けた小惑星リュウグウの土壌からはアミノ酸や塩基が検出された。「太古の地球に衝突した小惑星が有機物や水分をもたらし，それが地球の生命誕生につながった」とする学説の有力な証拠と見られている。

9
文部科学

◇月開発

　宇宙技術で世界がしのぎを削っているのが月の開発。2020年の中国に続き，2023年にはインドの無人月面探査機「チャンドラヤーン3号」が着陸に成功した。反面，ロシアの「ルナ25号」は失敗。日本も試みてきたが，JAXAの探査機「OMOTENASHI（オモテナシ）」も，民間企業「ispace」の探査機も月面に到達できなかった❹。

　一方，NASA（アメリカ航空宇宙局）は，月面に拠点をつくって持続的な活動を行い，ゆくゆくは火星有人探査でも活用しようという**アルテミス計画**を着々と推進中。英豪加などと並んで，日本も2019年に参加を決めた国際プロジェクトだ。2022年には月までの試験飛行を行う最初の飛行テスト「アルテミスⅠ」を実施。無人宇宙船「オリオン」が月軌道を回って地球に帰還した❺。

　加えて，そのための中継地となる**月周回有人拠点「Gateway」**も，アメリカの呼びかけで，国際宇宙ステーション参加国が計画中❻。これまでISSへは日本の無人補給機（HTV）が物資輸送を担ってきたが，JAXAは開発中の新型宇宙ステーション補給機「HTV-X」を「H3」に乗せてISSへ，そして将来的には「Gateway」へ向かわせることを目指している。

　2023年9月，満を持して日本の**小型月面探査機**「SLIM」が月に向けて出発。小型で軽量，しかも「降りたいところに降りる」ピンポイント着陸ができる優れものだ。月面着陸は2024年1月の予定。成功すれば日本初，世界でも5番目の快挙となる。

❹「オモテナシ」は後述のアルテミスⅠに同乗し，月に向かった。

❺NASAは2024年にオリオンで月周回軌道を有人飛行すると発表。

❻ISSには2022年10月から2023年3月まで若田光一飛行士が滞在。2023年8月からは古川聡飛行士が半年の予定で滞在。

9

文部科学

➡2023年，政府は宇宙安全保障を重視するとの観点から，改定宇宙基本計画と宇宙安全保障構想を決定した。

➡日本が開発を進めている新しい国産大型ロケット「H3」は，国際宇宙ステーションへの物資輸送にも利用される。

➡アメリカが進めるアルテミス計画は，月面での拠点建設を目指しており，日本も参加している。

➡日本の「H-ⅡAロケット」は，2023年9月に47号機の打ち上げに成功し，小型月面探査機「SLIM」を軌道上に放出した。

部活動改革

少子化と働き方改革で部活動が一新。中学校から地域への移行は自治体にとっても課題！

◇部活動改革の方向性

　少子化により中学校等の部活動の数も部員数も減少。やりたい部活がない，部員数が少なくて団体戦に出られない，といった声が出ている。改革は不可避だ。

　一方で，教師の長時間労働の是正も急務。文科省は2020年の「**学校の働き方改革を踏まえた部活動改革について**」で，中学校等の部活動は「必ずしも教師が担う必要のない業務」と明確に述べ，**休日の部活動を段階的に地域に移行させる**との方針を掲げた。

◇地域クラブ活動

　2022年，スポーツ庁と文化庁は「**学校部活動及び新たな地域クラブ活動の在り方等に関する総合的なガイドライン**」を策定。2023年度から公立中学校等について，**休日の部活動の地域連携・地域移行を開始した**❶。

　地域連携では，**複数校での「合同部活動」**を導入。地域人材の活用も進める。

　一方，地域移行では，多様な主体が会費制等で運営する「**地域クラブ活動**」で部活動を代替。学校にとどまらず，さまざまな場所で多世代・多種目の活動ができるようにする。

　部活動の地域移行では，「地域の子どもたちは，学校を含めた地域で育てる」といった意識の普及が重要。地域間で部活動の「体験格差」が生じないよう，地域の実情に合わせた環境整備も大切だ。

❶2023年度から2025年度までを「改革推進期間」と位置づけ，早期の実現を目指す。平日の部活動の地域移行については，休日での進捗を検証しながら進める。

✎ **部活動指導員**

　学校教育法施行規則で2017年度より制度化。顧問の教諭と連携しながらコーチとして技術を指導する「外部指導員」と異なり，「部活動指導員」は顧問となり単独で技術指導や生徒の引率ができる。

9
文部科学

出る文

➡ 2023年度から，公立中学校等の休日の部活動については「地域連携・地域移行」が進められている。

➡ 公立中学校等の部活動の地域移行では，多様な主体が運営する「地域クラブ活動」への移行に向けた環境整備も進められる。

スポーツ政策

出題可能性 ★ ★

新基本計画が2022年度にスタート。野球やラグビーの話題に押されて出題あるかも！

◇スポーツ基本計画

2022年，スポーツ庁は**第3期スポーツ基本計画**を策定。2022年度から5年間のスポーツ政策の方向性を示した。

新基本計画は東京オリンピック・パラリンピックのレガシーの発展を重視。国際競技力のさらなる向上やスポーツを通じた共生社会の実現を掲げた❶。

新基本計画は**新たな「3つの視点」**を提示。①スポーツを「つくる／はぐくむ」，②スポーツで「あつまり」，スポーツを「ともに」行い，「つながり」を感じる，③スポーツに「誰もがアクセス」できる，の3つだ❷。スポーツ庁はこれらの観点から，スポーツをする機会，施設，社会づくりにかかわる施策を進めていくとした。

◇スポーツ政策の数値目標

個別施策のいくつかでは数値目標も設定。最大の課題である国民のスポーツへの積極的参加については，**成人の週1回以上のスポーツ実施率を70％に引き上げる**ことを掲げた（2022年度は52.3％）❸。

具体策では**スポーツの成長産業化**も重視。スポーツ市場の規模については，2025年をめどに15兆円への拡大を目指すとした。

地方創生関連では，スポーツ・健康まちづくりに取り組む自治体の割合について，数値目標を設定。40％に高めていくこととした（2021年度は15.6％）❹。

❶競技力向上については，将来性が豊かなアスリートの発掘・育成・強化を支援。地方の競技力向上に向けた体制の構築等を図る。

❷それまでのスポーツ政策では，スポーツを「する・みる・ささえる」人を増やすことが重視されてきた。

❸障害者については40％を目指す（2022年度には30.9％）。

❹そのほか，スポーツ団体の女性理事の割合を40％に近づけることなどを明記。

9

文部科学

出る文

→ 第3期スポーツ基本計画は新たに「3つの視点」を示し，それぞれを軸に今後のスポーツ施策を進めていくとした。

→ 第3期スポーツ基本計画は，成人の週1回以上のスポーツ実施率を70％に引き上げることなどの数値目標を定めた。

文化芸術政策

出題可能性 ★ ★

2023年，文化庁は京都に移転。新たな門出に「基本計画」で記念の１問！

◇文化芸術基本法と基本計画

文化芸術は「日本ブランド」の重要な源泉。2017年，政府は文化芸術振興基本法を抜本改正し，新たに**文化芸術基本法**として施行した。

同法は，文化芸術そのものの振興だけでなく，観光・まちづくり，国際交流，福祉，教育，産業などの関連分野にまで施策の範囲を広げたのが特徴。**社会的・経済的価値をはぐくむ文化政策を推進する**のがねらいだ。

2023年３月，政府は文化芸術基本法に基づき，**文化芸術推進基本計画（第２期）**を閣議決定。2023年度からの５年間に推進する重点取組指針と施策群を示した。

重点取組では，文化資源の保存と活用のほか，創造的な文化活動の推進，次世代の育成，多様性の尊重，グローバル展開の加速，地方創生などを列挙。デジタル技術を活用した文化芸術活動の推進も掲げた。

◇文化観光の推進

文化財の観覧や文化体験などができる「文化観光」については，2020年に**文化観光推進法**が成立・施行。普及に向け，文化施設の整備などを進めている❶。

2022年には，**改正博物館法**が成立（2023年５月施行）。自治体施設などに限定されていた博物館登録制度の対象を民間施設にも拡大した。デジタル化や文化観光での活用も支援する。

> **国立アイヌ民族博物館**
>
> 2020年，北海道白老町にアイヌ文化の復興と発展のナショナルセンターとして民族共生象徴空間（愛称「ウポポイ」）が開業。中核施設は国立アイヌ民族博物館で，アイヌの歴史や文化を紹介するだけでなく，アイヌ文化の調査研究の拠点となる。

❶同法に基づき文化庁は全国で45の文化観光の拠点計画や地域計画を認定。案内の多言語化や開館時間の延長などを支援している。

9

文部科学

出る文

➡2023年３月に閣議決定された文化芸術推進基本計画（第２期）は，重点に文化資源の保存・活用などを掲げた。

➡2020年の文化観光推進法に基づき，政府は「文化観光」の普及を図っている。

世界遺産

毎年のように増える日本の世界遺産。地域と歴史の教養を問う！

◇世界遺産

2021年，日本から新たに2件の世界遺産が誕生❶。自然遺産の「**奄美大島，徳之島，沖縄島北部及び西表島**」と，文化遺産の「**北海道・北東北の縄文遺跡群**」だ❷。

鹿児島県と沖縄県の4地域で構成される「奄美大島，徳之島，沖縄島北部及び西表島」は，希少性の高い生物多様性が特徴。特異的な生物進化が進んだため固有種が多い。この地域の**国際的絶滅危惧種は95種**。アマミノクロウサギ，ヤンバルクイナ，イリオモテヤマネコの生息地もここに含まれる。

一方，「北海道・北東北の縄文遺跡群」を構成するのは17遺跡（北海道6，青森県8，秋田県2，岩手県1）。縄文時代の大規模集落の跡地として知られる三内丸山遺跡（青森市）がその代表格だ。特徴は，**採集・漁労・狩猟を基盤とした定住生活**。定住には農耕が伴うのが普通なので，こうした独特の定住社会を発展させてきた縄文文化はとても貴重な存在だ。

◇無形文化遺産

UNESCOは芸能，慣習，祭礼，工芸などの保護を目的に無形文化遺産も登録。日本からも能楽，歌舞伎，和食などが登録されている。

2020年には茅葺きなどの「**伝統建築工匠の技**」がリスト入り。2022年には日本各地の盆踊りなどが「**風流踊**」として登録された。

❶登録の可否は，世界遺産条約に基づいて，UNESCO（国連教育科学文化機関）が判断する。文化庁は次の世界遺産への推薦候補として「佐渡島の金山」（新潟県佐渡市）を選定。

❷これで日本の登録遺産は25件（2023年末現在）。自然遺産が5件，文化遺産が20件になった。

📝 文化財保護法

2021年の改正法は，無形文化財・無形民俗文化財に登録制度を創設。祭りなどの保護を強化した。

9

文部科学

出る文

➡ 2021年，鹿児島県と沖縄県にまたがる「奄美大島，徳之島，沖縄島北部及び西表島」が，世界自然遺産として登録された。

➡ 2021年，17遺跡からなる「北海道・北東北の縄文遺跡群」が世界文化遺産に登録された。

❶中教審は2021年,「令和の（　　　）学校教育」についての答申で,個別最適な学びと協働的な学びの充実を掲げた。　　　　　　　　　　　→p.117

❷2023年6月に閣議決定された教育振興基本計画は,コンセプトに「日本社会に根差した（　　　）の向上」を掲げた。　　　　　　　　　　　→p.117

❸教育（　　　）会議の第二次提言は,グローバル人材の育成強化に向け,留学に関する数値目標などを設定した。　　　　　　　　　　　　　　→p.119

❹（　　　）の活用について,文科省は,児童生徒の発達段階を十分に考慮し,また（　　　）の特徴を踏まえて行うべきだとしている。　　　　→p.120

❺2021年度からの科学技術・（　　　）基本計画は,Society 5.0の具体化による社会のリデザインを提唱した。　　　　　　　　　　　　　　　→p.121

❻日本の「H-ⅡAロケット」は,2023年9月に47号機の打ち上げに成功し,小型（　　　）「SLIM」を軌道上に放出した。　　　　　　　　→p.123

❼2023年度から,公立中学校等の休日の部活動については「（　　　）連携・（　　　）移行」が進められている。　　　　　　　　　　　　　→p.124

❽第3期（　　　）基本計画は,成人の週1回以上の（　　　）実施率を70%に引き上げることなどの数値目標を定めた。　　　　　　　　　　　→p.125

❾2023年3月に閣議決定された（　　　）推進基本計画（第2期）は,重点に文化資源の保存・活用などを掲げた。　　　　　　　　　　　　　　→p.126

❿2021年,17遺跡からなる「北海道・北東北の（　　　）群」が世界文化遺産に登録された。　　　　　　　　　　　　　　　　　　　　　　→p.127

9

文部科学

解　答

❶**日本型**：「主体的・対話的で深い学び」の実現を図る。

❷**ウェルビーイング**：日本発のウェルビーイングを目指す。

❸**未来創造**：教育再生実行会議を引き継ぐ形で岸田内閣が創設。

❹**生成AI**：2023年の「暫定的ガイドライン」による。

❺**イノベーション**：脱炭素化やビジネスモデル転換などを重視。

❻**月面探査機**：月面着陸は2024年1月の予定。

❼**地域**：地域移行では「地域クラブ活動」も利用する。

❽**スポーツ**：スポーツの成長産業化も重視している。

❾**文化芸術**：2023年度からの5年間に推進する。

❿**縄文遺跡**：狩猟採集を基盤とした定住生活が特徴。

第 10 章

環　境

気候変動

出題可能性 ★ ★ ★

白書は「地球の限界」という概念を紹介。国連事務総長は「地球沸騰化」を警告！

◇地球の限界

2023年の『環境白書・循環型社会白書・生物多様性白書』は，**地球の限界（プラネタリー・バウンダリー）**という考え方を紹介。人間活動による地球システムへのさまざまな影響を客観的に評価する方法の1つで，種の絶滅の速度，窒素・リンの循環，気候変動，土地利用変化など，多くの指標が高リスクの領域にあるとされている❶。

リスク打開には**環境・経済・社会の統合的向上**が必要。白書は，**炭素中立**（カーボンニュートラル＝ネットゼロ），**循環経済**（サーキュラーエコノミー），**自然再興**（ネイチャーポジティブ）の同時達成が必要だと強調した❷。

◇IPCC評価報告書

2021～2023年にかけて**IPCC（気候変動に関する政府間パネル）**は第6次評価報告書を公表❸。科学的根拠に基づき，地球温暖化の現状を評価した。

自然科学的根拠に関する第1作業部会の報告書は，**「人間の影響が大気・海洋・陸域を温暖化させてきたことは疑う余地がない」**と表現。「可能性はきわめて高い」とした2013年の第5次報告書を修正した。

影響・適応・脆弱性に関する第2作業部会の報告書は**「人為起源の気候変動が自然と人間に対して広範な悪影響を引き起こしている」**と指摘。気温上昇が1.5度を超えると，超えない場合と比較して，人間と自然がより深刻なリスクに直面し，損失・損害が増え，さらには適応の限界に達するだろうと述べた。

気候変動の緩和に関する第3作業部会の報告書は，現状の各国の温室効果ガスの削減努力では**「21世紀中に温暖化による気温上昇が1.5度を超える可能性が高い」**との見通しを公表。今後10年間に行う選択は数千年先まで影響を持つとして，今すぐ対策を取ることが必要だと強調した。

10
環境

❶2023年7月，国連のグテーレス事務総長は「地球温暖化の時代は終わり，地球沸騰化の時代が到来した」と発言。気候変動対策の強化と加速を求めた。

❷循環経済のキーワードは「3R＋Renewable」。Reduce（廃棄物等の発生抑制），Reuse（資源の再使用），Recycle（資源の再生利用）の3Rに，再生可能性（植物由来のバイオマスプラスチック等）を加えた概念。

❸IPCCは国連環境計画と世界気象機関が共同で設立。2007年にノーベル平和賞を受賞。

世界の排出ギャップ

UNEP（国連環境計画）の「Emissions Gap Report 2022」は，パリ協定で各国が約束した削減量と目標達成に必要な削減量の差を試算。追加の対策を取らなければ今世紀の気温上昇は2.8度になると予測した。

◆気候変動枠組条約締約国会議

　温暖化対策の国際的枠組みとなるパリ協定が採択されたのは2015年。全参加国は，温室効果ガス削減に関する**自主目標を作成して国連に提出し，2020年から国内対策を実施する義務**を負った。

　気候変動枠組条約締約国会議（COP）では，2021年のCOP26（第26回会議）が産業革命前からの気温上昇の目標値を修正。**「1.5度未満」**にすることを全参加国の国際公約に格上げした（グラスゴー気候合意）**❹**。

　またCOP26では温室効果ガスの削減量を「排出権」として融通し合う市場メカニズムについても合意が成立。**パリ協定のルールブックがようやく完成した。**

　2022年のCOP27（第27回会議）では新基金の創設を決定。途上国を対象に干ばつや洪水といった**気候変動による「損失と損害」に特化した支援**を行う**❺**。

　2023年のCOP28（第28回会議）は，アラブ首長国連邦のドバイで開催。パリ協定の進捗を確認する「グローバル・ストックテイク」が初めて実施され，1.5度目標の達成には2019年比で2030年に43％，2035年に60％の温室効果ガスの削減が必要と評価された。

　12月の首脳級会合では再生エネルギーのさらなる導入が議論され，**世界の再生可能エネルギーを2030年までに3倍にする誓約**に日本を含む118か国が賛同した。

　化石燃料については，**脱却する行動をこの10年間に加速させることで合意。**脱化石燃料の流れを明確にした**❻**。

❹パリ協定締結時の目標は産業革命前からの気温上昇を「2度未満」に抑えること。その際「1.5度未満」も努力目標として記載された。

❺日本は資金提供に加え，防災の技術やノウハウを途上国に提供するとしている。

❻岸田首相は，排出削減対策のない石炭火力発電所について，新規建設はしないと表明。ただし，既存の発電所の廃止には言及しなかった。

10

環境

出る文

➡ IPCC（気候変動に関する政府間パネル）報告書は，人間の活動が地球温暖化の原因であることに疑う余地はないと述べた。

➡ 2021年のCOP26では，産業革命前からの気温上昇を1.5度未満に抑える努力が国際公約に格上げされた。

➡ 2023年のCOP28では，世界の再生可能エネルギー容量を2030年までに3倍にする誓約に，日本を含む118か国が賛同した。

➡ 2023年のCOP28は，化石燃料から脱却する行動をこの10年間に加速させることで合意した。

日本の温暖化対策

2030年度までの目標は排出量の46%削減。「脱炭素ドミノ」って新しいゲーム？

◇日本の削減目標と排出状況

　日本は2020年，温室効果ガスの排出を「実質ゼロ」にする**カーボンニュートラル**を**2050年**までに**目指す**と宣言❶。長期目標に据えた。また2021年には中期目標も変更。2013年度比で**2030年度までに46%削減**するとした❷。

　2023年の『環境白書・循環型社会白書・生物多様性白書』によると，**2021年度の日本の温室効果ガス排出量は前年度に比べ2.0%の増加**。コロナ禍からの経済回復でエネルギー消費量が増えたためだ。ちなみに，2020年度までは7年連続で減少。2020年度は前年度比マイナス5.1%だった。

　総排出量から「森林等の吸収源対策による吸収量」を引いた量は11億2200万トン。基準年（2013年度）との比較では**20.3%の減少**になっている。

◇温暖化対策の指針

　2021年，**改正地球温暖化対策推進法**が成立❸。これにより，「2050年までの脱炭素社会の実現」は基本理念として法律に明記された。

　改正法は，**再生可能エネルギーを利用した「地域の脱炭素化」**を重視。市町村が実施目標や促進地域を定め，地域住民の理解を得て，**太陽光発電や風力発電などの円滑な導入**を図っていくとした。これらの設置については景観悪化や騒音などをめぐってしばしば地域トラブルが発生。対策が求められていた。

　2021年には**地球温暖化対策計画**も改定。新たな長期・中期目標の実現に向け，産業，家庭，運輸などの部門別に削減目標値を定めた。

◇地域の脱炭素化

　2021年，政府は2030年までに実施する施策をまとめ，**地域脱炭素ロードマップ**として公表。脱炭素社会づくり

❶「実質ゼロ」とは，温室効果ガスの排出量から森林などによる吸収量を差し引いた結果がゼロになることを意味する。

❷さらに「50%削減」に向けた挑戦を続けるとの決意も表明。ちなみに，パリ協定に向けて日本が当初掲げた中期目標は2013年度比で「26%削減」，長期目標は「80%の排出削減を目指す」だった。

❸地球温暖化対策推進法は2022年にも改正。脱炭素に向けた取組みを資金面から後押しするため，新たな官民ファンド「脱炭素化支援機構」の設立を定めた。政府が出資する200億円に民間の金融機関からの出資を加え，民間事業者が運営する。

10

環境

に向けた地域での取組みについて，道筋を示した。

2030年度までに少なくとも**100か所の脱炭素先行地域**をつくり，国が支援❹。農山漁村や都市街地など，地域特性ごとに脱炭素実施の道筋を見出していく。その後，モデルケースとなる先行地域から「脱炭素ドミノ」がスタート。日本各地が次々と脱炭素に移行して，2050年を待たずに「脱炭素で強靭な活力ある地域社会」が全国で実現するのだという❺。

具体策では，屋根置きの自家消費型太陽光発電の普及や，EV（電気自動車）などを用いたゼロカーボン・ドライブの一般化等を列挙。農山漁村では，農業機械や船舶について，電動化やシェアリングを促すとした。

◇気候変動適応計画

温暖化対策では，気候変動がもたらす被害の軽減策も重要課題。2018年には**気候変動適応法**が成立し，初の**気候変動適応計画**が策定された❻。

自然災害では**流域治水**を重視。氾濫危険地域だけでなく，河川の上流から下流までの流域全体で対策を図る。

農林水産分野では高温を好む品種への転換も検討。温州みかんを不知火（デコポン）に変えたり，高温耐性のあるコメの品種を普及させたりする❼。

2023年4月，気候変動適応法は熱中症対策の強化に向けて一部を改正❽。5月には**熱中症対策実行計画**が閣議決定された。主要目標は**2030年までの死者数半減**。高齢者や子ども向けの対策を強化する。

❹脱炭素事業に意欲的な自治体向けに「地域脱炭素移行・再エネ推進交付金」を創設。

❺「2050年実質排出量ゼロ」を宣言している「ゼロカーボンシティ」は，2023年1月末時点で全自治体数の46％に当たる831自治体。

❻気候変動適応計画は2021年に一部を改定。対策ごとに重要業績評価指標（KPI）を定めた。

❼農水省も独自に気候変動適応計画を策定。

❽法改正に合わせ，気候変動適応計画も一部を改定。

10

環境

出る文

➡ 2020年，日本は2050年までに温室効果ガスの排出を実質ゼロにする「カーボンニュートラル」を目指すと宣言した。

➡ 2021年，政府は温室効果ガスの排出について，2030年度までに2013年度比で46％削減するとの新たな中期目標を決定した。

➡ 2021年の「地域脱炭素ロードマップ」は，2030年度までに少なくとも100か所の「脱炭素先行地域」をつくるとした。

➡ 2023年，政府は「2030年までの死者数半減」を盛り込んだ「熱中症対策実行計画」を閣議決定した。

生活の脱炭素化

脱炭素に向けた「デコ活」に着手。持ち物をキラキラにデコることじゃない！

◇ライフスタイルの変容

カーボンニュートラル達成には，生活者1人1人のライフスタイルの変容も必要。大量生産・大量消費・大量廃棄型の生活を改め，資源循環や自然資源を大切にする生活に切り替えていかなければならない❶。

「住まい」については，冷暖房使用に気を使うだけでなく，省エネ家電への買換えや住宅の断熱性能の向上も重要。政府は**建築物省エネ法**を2022年に改正し，住宅を含むすべての新築の建物に断熱性能などの省エネ基準を義務づけた❷。

じつは「ファッション」は環境負荷が大きい産業❸。しかも，1年間の供給量の約92％が使用後に手放され，約64％がリユースもリサイクルもされずに焼却・埋立てにより廃棄されている（2022年度の環境省調査）。「**サステナブルファッション**」の推進は重要な政策課題だ。

◇デコ活

政府は，2022年に「**脱炭素につながる新しい豊かな暮らしを創る国民運動**」をスタート。愛称は，デカーボナイゼーション（脱炭素）にエコと活動を足した「**デコ活**」だ。

国，自治体，企業，団体，消費者などが参加する「**デコ活応援団（官民連携協議会）**」も発足。10年後の新しい暮らしをホームページやイベントで提案していく。

10
環境

❶「食」からの排出では食品ロス削減が重要。食品ロス対策についてはp.161参照。

❷従来はオフィスビルだけが対象だった。施行は2025年度の予定。

❸水を大量に消費し，温室効果ガスも大量に排出する。しかも，衣料品の約98％は輸入品で，環境負荷の多くは海外で発生している。

✎ フルオロカーボン

エアコンや冷蔵庫などで使われているフルオロカーボン（フロン類）にはCO_2の1万倍を超える温室効果を持つものがある。日本は2019年に改正フロン排出抑制法を制定し，廃棄時の回収率向上を図っている。

出る文

➡ 2022年の改正建築物省エネ法は，すべての新築建物に対し，断熱性能等に関する省エネ基準を義務づけた。

➡ 2022年，政府は「脱炭素につながる新しい豊かな暮らしを創る国民運動（デコ活）」をスタートさせた。

エネルギー

出題可能性 ★ ★

改正省エネ法は「エネルギー」の定義を修正。「化石＋非化石」は「すべて」じゃないの？

◆第6次エネルギー基本計画

2021年，政府はエネルギー基本計画を改定。発電に使うエネルギーについて，2030年度の電源構成の目標値を示した。

総発電量に占める再生可能エネルギー（再エネ）の目標割合は36～38％に設定。2019年度は18％だったので，約10年で2倍以上にするという野心的な目標だ。

原子力発電の割合は20～22％に引き上げ（2019年度は6％）。反対に，化石燃料を用いる火力発電は，2019年度の76％から2030年度には41％にまで減らす。

水素やアンモニアを使った発電にも初めて言及。目標は2030年度に1％程度だ。

◆省エネ法の改正

省エネ法は2022年に改正（2023年4月施行）❶。1979年の制定後初めて「エネルギー」の定義を改めた。旧法の定義は「化石由来」のもの。今回の改正で，対象に太陽光などの「非化石エネルギー」が加えられた。

改正法は，産業部門のエネルギー使用量の4割を占める主要5業種（鉄鋼業，化学工業，セメント製造業，製紙業，自動車製造業）に対し，非化石エネルギーへの転換計画を要求。また，電気需要の合理化指標を「平準化（ピーク時のない需要の均一化）」から「最適化（余剰が出る時間帯に需要をシフト）」に変更した。

✎ エネルギー安全保障

日本は一次エネルギーの化石燃料依存度が約85％と高い。しかも大半を海外からの輸入に頼っている（2020年は原油99.7％，液化天然ガス97.7％，石炭99.6％）。

2022年のロシアのウクライナ侵略以降，G7各国はロシア産化石燃料からの脱却に着手。日本は2021年時点で石炭の11％，液化天然ガスの9％，原油の4％をロシアから輸入しており，エネルギーの安定確保が喫緊の課題となっている。

❶改正にあたり正式名称も「エネルギーの使用の合理化及び非化石エネルギーへの転換等に関する法律」に変更。

10
環境

出る文

➡ 2021年の第6次エネルギー基本計画は，2030年度の再生可能エネルギーの目標割合を36～38％に設定した。

➡ 2022年の改正省エネ法は，エネルギーの定義に「非化石エネルギー」を加え，導入促進を図ることとした。

GX

出題可能性 ★ ★ ★

DXに続けとばかりに，GX＝グリーントランスフォーメーションが登場！

2022年，政府は内閣官房に**GX（グリーントランスフォーメーション）実行会議**を設置。環境問題を解決しつつ，経済社会システムを変革していくための施策を検討してきた。

2022年12月，GX実行会議は「**GX実現に向けた基本方針**」を策定。2023年2月に閣議決定された。

政府は基本方針を実施するための法律を速やかに整備。2023年5月には**GX推進法**（脱炭素成長型経済構造への円滑な移行の推進に関する法律）が成立した。

◇再生可能エネルギーの主力電源化

GX基本方針は，GXの推進がエネルギー安定供給と脱炭素分野での市場創出に役立つことを強調。徹底した省エネで製造業の構造転換を図るとともに，**再生可能エネルギーの主力電源化**を掲げた。

具体策では，省庁一体で**太陽光発電の最大限導入**を推進。公共施設，住宅，工場・倉庫，空港・鉄道などへの太陽光パネルの設置を後押しする❶。洋上風力発電の導入も拡大。陸上風力発電に関する規制・制度の合理化にも取り組む。

原子力発電については，安全性を優先させながら再稼働する方針を堅持。併せて，**次世代原子力発電所の開発・建設**も推進する。また，現在の「運転期間は40年，延長は20年まで」という原発管理のルールを修正し，停止期間があった場合には，追加の延長を認めるとした。

水素やアンモニアを使った発電技術については，「カーボンニュートラルの実現に向けた突破口」になるとして期待を表明。生産供給体制の構築やインフラ整備などを戦略的に進めるとした❷。

運輸部門では，電気自動車の導入に加え，航空機が利用する持続可能な航空燃料（SAF）の製造を支援❸。ゼロエミッション船舶の普及にも力を入れる。

処理水問題

2011年の東京電力福島第一原子力発電所の事故では，原子炉を冷やすために注入した水や原子炉建屋等に流れ込んだ雨水等が放射性物質を含んで「汚染水」となった。この汚染水は，「多核種除去設備」において，国際的な安全基準を十分に満たすまで放射性物質（62種類）が除去される。除去後の「処理水」について，政府は2021年，安全性の確保と風評対策の徹底を前提に，海洋放出を行う方針を決定。2023年8月から実施している。

❶このほか骨太方針2023は，日本発の薄くて柔らかいペロブスカイト太陽電池の実装推進を盛り込んだ。

❷2023年，政府は水素基本戦略を策定。水素産業の競争力強化を図るとした。

❸廃食用油・サトウキビといったバイオマスを主に利用して生産される航空燃料。CO_2排出の大幅削減が期待できる。

10
環境

◆成長志向型カーボンプライシング構想

基本方針は，GXに必要となる投資の規模について，今後10年間で官民合わせて150兆円超と試算。巨額のGX投資を官民協調で行うため，①GX経済移行債の発行，②カーボンプライシングの制度化，③新たな金融手法の利用からなる**成長志向型カーボンプライシング構想**を実行していくとした。

①の**GX経済移行債**のねらいは，大胆な先行投資支援。2023年度からの10年間に20兆円規模の資金を調達し，新たな市場・需要の「呼び水」とする。

②の**カーボンプライシング制度**のねらいは，企業の炭素排出に価格をつけることで相対的に得られるGX製品・事業の付加価値の向上。この制度で企業が負担するコストは，GX経済移行債の償還にも充てられる。

炭素排出の価格化に伴い，**排出量取引制度**も創設。企業が削減目標を定めて，余剰分を市場で売ったり，不足分を市場から買ったりする制度のことだ。2023年度に自主参加による「GXリーグ」での試行を開始。2026年度の本格稼働を目指す。

また，排出量の多い発電事業者に対しては，排出枠の獲得に**有償オークション**を段階的に導入。化石燃料の輸入事業者などからは，2028年度以降，**炭素に対する賦課金を徴収する❹**。

③の**新たな金融手法**では，GX投資の加速に向けた債務保証等を検討。金融面からGX技術の社会実装におけるリスクを補完する。

❹政府は，排出量取引制度の運営や賦課金の徴収等に係る業務を実施する機関として「GX推進機構」を2024年度に創設する。

📎ESG金融

ESG金融は，環境保護（Environment），社会課題（Social），企業統治（Governance）に配慮した金融。世界で普及が進んでいる。利用する日本企業も急増中。2020年のESG金融の投資残高は2016年に比べて約6倍に増加した。

10

出る文

→ 2023年2月，政府は環境問題を解決しつつ，経済社会システムを変革するための「GX実現に向けた基本方針」を決定した。

→ GX実現に向けた基本方針は，徹底した省エネで製造業の構造転換を図るとともに，再生可能エネルギーの主力電源化を掲げた。

→ 10年間で20兆円規模の資金を調達するため，政府は2023年度から「GX経済移行債」を発行している。

→ 企業の炭素排出に価格をつけるカーボンプライシング制度の導入に伴い，排出量取引制度も創設される。

生物多様性

2022年，生物多様性に関する新目標が決定。カギを握る数字は30！

2019年，**生物多様性及び生態系サービスに関する政府間科学政策プラットフォーム（IPBES）**は地球規模評価報告書を発表❶。過去50年間の地球上の種の絶滅が，人間活動の影響によって，過去1000万年平均の数十倍から数百倍の速度で進んでいると指摘し，対策を講じなければ生物多様性の喪失はますます進むと警告した。

加えて，IPBESは2022年に「野生種の利用」に関する報告書を公表。世界で何十億もの人々が利用している約5万種の野生種（魚類，樹木類など）について，このままでは持続可能な利用が困難になると指摘した。

◇生物多様性条約締約国会議

生物多様性条約締約国会議は，2010年，名古屋市で開かれた会合で，生物多様性の損失を止めるための「愛知目標」を採択。だが，2020年，国連は愛知目標の20項目がいずれも未達成に終わったと発表した。

コロナ禍で遅れながらも，10年ぶりに新たな国際目標を定める作業がスタート。締約国会議が2回に分けて開催された。2021年にはオンライン併用で開催された閣僚級会議（中国の昆明）で基本方針を確認。2022年の対面での閣僚級会議（カナダのモントリオール）で，2030年までの新たな世界目標「**昆明・モントリオール生物多様性枠組**」を採択した❷。

主要目標の1つは「**30by30（サーティ・バイ・サーティ）**」。**2030年までに世界の陸域と海域の少なくとも30％以上を保護区にする**という目標だ。

そのほか，外来種の侵入を少なくとも50％削減するとの数値目標も明記。気候変動の生物多様性への影響については，最小化とレジリエンスの強化を掲げた。

資金支援については途上国と先進国が対立。既存の支援メカニズムに生物多様性を組み込み，官民で少なくとも年間2000億ドル（日本円でおよそ27兆円）を確保することで合意が得られた。

❶2012年に設立された政府間組織。

❷対面会合には150を超える国・地域が参加した。

📝 レッドリスト

絶滅のおそれがある野生生物をランク別に整理。2020年の日本のリスト改訂版では絶滅危惧種は3716種。

📝 外来生物法

2022年5月改正。ヒアリを念頭に緊急性の高い特定外来生物への対策を強化。広く飼育されている外来生物への規制手法を整備。

📝 自然公園法

2021年の改正では，地域活性化での利用を容認。「保護と利用の好循環」を図る。

10
環境

◆生物多様性国家戦略

　政府は2023年3月に「生物多様性国家戦略2023－2030」を閣議決定。**2030年ネイチャーポジティブ（自然再興）の実現**に向け，5つの基本戦略を設定した**❸**。

　第1の「**生態系の健全性の回復**」では，30by30目標の達成や野生生物の保護管理が課題。現在，日本は陸地の約20.5％と海洋の13.3％を国立公園等の保護地域に指定しているだけなので，拡充が不可欠だ。

　とはいえ，土地利用の実態を考えると保護地域の拡張に限界があるのも事実。政府は自治体や民間と連携して，保護地域のほかに「**生物多様性の保全に資する地域**」の認定を進め，30by30目標を達成するとしている**❹**。

　第2の「**自然を活用した社会課題の解決**」では，生態系再生による温室効果ガス対策や自然を活かした地域づくりなどを進める。

　第3の「**ネイチャーポジティブ経済の実現**」では，生物多様性の保全につながる企業活動や環境保全型の農林水産業の拡大が目標。第4の「**生活・消費活動における生物多様性の価値の認識と行動**」では，環境教育や食品ロス対策などを通して国民の行動変容を促す。第5の「**生物多様性に係る取組を支える基盤整備と国際連携の推進**」には，自然環境データの収集・整備や途上国支援が盛り込まれた。

　国家戦略は25の行動目標も設定。実現に向けて関係官庁が取り組む367の具体的施策を列挙した。

❸政府は，ネイチャーポジティブ（自然再興）という考え方により，生物多様性の損失を止めるだけでなく，回復に転じさせる決意を表明したとしている。

❹「30by30目標」の実現に向け，2022年には産学官の連携による「生物多様性のための30by30アライアンス」が発足。

📝 **SATOYAMA イニシアティブ**

　里山のような二次的自然地域の維持・再構築を通じて「自然共生社会の実現」を目指す国際的な取組み。日本政府は世界各国への普及を図っている。

10

環境

出る文

➡ 2022年の生物多様性条約締約国会議は，新たな国際目標として「昆明・モントリオール生物多様性枠組」を採択した。

➡ 生物多様性に関する世界目標には，2030年までに世界の陸域と海域の30％以上を保護区にするという「30by30」が盛り込まれた。

➡ 2023年，日本は2030年のネイチャーポジティブ（自然再興）の実現を目指して，新たな生物多様性国家戦略を策定した。

➡ 日本は30by30目標の達成に向け，保護地域の拡充に加え，「生物多様性の保全に資する地域」の認定を進めている。

プラスチック資源循環

出題可能性 ★ ★

プラスチック資源循環促進法が成立。プラ削減への意識の高さを問う！

◇プラスチック資源循環戦略

2019年，政府は**プラスチック資源循環戦略**を策定。対策を強化してきた。

包装などで**使われるワンウェイ（使い捨て）プラスチック**については，2030年までに25%の抑制を宣言❶。プラスチックの容器包装については，2030年までに6割をリサイクルかリユースする。

プラスチックの再生利用も2030年をめどに倍増。生物由来の原料でつくられた**バイオマスプラスチック**の利用も，2030年には最大限（約200万トン）に高める❷。

◇プラスチック資源循環促進法

2021年，**プラスチック資源循環促進法**が成立（2022年施行）。プラスチックごみの削減・回収・リサイクルの促進を図る。

使い捨てプラ製品を使用する事業者に対しては，政府が削減基準を設定。**使用量が年5トン以上の事業者に削減義務**を課し，取組みが不十分な場合には社名公表や罰金といった措置をとる。

関連省令によって削減対象とされた使い捨てプラ製品は12品目。コンビニやスーパーが渡すストローやスプーン・フォークのほか，宿泊施設にあるヘアブラシや歯ブラシ，クリーニング店が使うハンガーなども対象だ。

事業者は有料化や未使用者へのポイント還元などの対策が必要。代替素材への転換も進むに違いない。

❶2020年からすべての小売店でプラスチック製レジ袋の有料義務化が実施されている。

❷バイオマスプラスチックの配合率が25%以上のものはレジ袋の有料義務化の対象外。

大阪ブルー・オーシャン・ビジョン

海洋プラスチックごみの発生を2050年までにゼロにするとのビジョン。日本が提案し，2019年のG20大阪サミットで共有された。札幌で開かれた2023年のG7閣僚会合では，目標年度を10年前倒して2040年とすることが合意された。

10
環境

出る文

→ 2019年のプラスチック資源循環戦略は，ワンウェイプラスチックを2030年までに25%抑制すると宣言した。

→ 政府は，2021年のプラスチック資源循環促進法に基づき，使い捨てプラ製品の提供事業者に向けた使用削減基準を定めた。

環境基本計画

環境省は「3つの移行」による経済社会のリデザインを提唱。公務員生活への移行も加えて！

◆第5次環境基本計画

2018年，政府は**第5次環境基本計画**を閣議決定❶。基本理念に「環境政策による経済・社会の課題解決」を掲げ，**経済システムの構築**（再生可能エネルギーの導入促進や環境ビジネスの拡大等），**国土の価値の向上**（土地・海洋・水資源の維持や生態系を活用した防災・減災等），**地域資源の活用**（地域にあるエネルギー資源や自然資源の活用等）に力を入れるとした❷。

基本計画は，脱炭素で持続可能な社会づくりに向けた新たな考え方として「**地域循環共生圏**」を提唱❸。地域の個性を活かして地域どうしが支え合うネットワークを形成する「**自立・分散型社会**」を示す言葉で，地域の資源を活用し，環境・経済・社会の統合的向上を実現するビジネスや事業（ローカルSDGs）を生み出し続けることで実現する。環境省は，ウェブサイト「**地域循環共生圏づくりプラットフォーム**」を設置。取組み地域どうしの連携や企業との提携などを進めている。

◆第6次環境基本計画

2024年度からの**第6次環境基本計画**は2024年4月に閣議決定される見通し❹。中央環境審議会による2023年10月公表の中間取りまとめでは，「**循環**」と「**共生**」の**実現**によって環境収容力を守り，環境の質を上げて，経済・社会が成長・発展できる文明の構築を図るとの方向性が示された❺。

❶環境基本計画は環境基本法に基づき6年ごとに策定される。

❷技術開発ではAIによる無駄の排除やドローンによる物流改革を促進。国際貢献では環境インフラの輸出にも力を入れる。

❸2018年の循環型社会形成推進基本計画（第4次）も「地域循環共生圏」の形成を重視。

❹2024年には第5次循環型社会形成推進基本計画も策定される。

❺2030年までの計画となることから，2030年が期限のSDGs（持続可能な開発目標）や生物多様性に関する30 by30目標などが強く意識される見通し。

10

環境

出る文

➡ 第5次環境基本計画は，基本理念に「環境政策による経済・社会の課題解決」を掲げた。

➡ 「地域循環共生圏」とは，地域の個性を活かして地域どうしが支え合うネットワークを形成する「自立・分散型社会」である。

環境の出る文穴埋めチェック

❶2023年のCOP28は，（　　　）から脱却する行動をこの10年間に加速させることで合意した。　　　　　　　　　　　　　　　　　　　　　　　　　→p.131

❷2020年，日本は2050年までに温室効果ガスの排出を実質ゼロにする「カーボン（　　　）」を目指すと宣言した。　　　　　　　　　　　　　　　　　→p.133

❸2021年，政府は温室効果ガスの排出について，（　　　）年度までに2013年度比で46％削減するとの新たな中期目標を決定した。　　　　　　　　　　　→p.133

❹2021年の「地域（　　　）ロードマップ」は，2030年度までに少なくとも100か所の「（　　　）先行地域」をつくるとした。　　　　　　　　　　　→p.133

❺2021年の第6次エネルギー基本計画は，2030年度の（　　　）エネルギーの目標割合を36〜38％に設定した。　　　　　　　　　　　　　　　　　　→p.135

❻2023年2月，政府は環境問題を解決しつつ，経済社会システムを変革するための「（　　　）実現に向けた基本方針」を決定した。　　　　　　　　　→p.137

❼企業の炭素排出に価格をつける（　　　）制度の導入に伴い，排出量取引制度も創設される。　　　　　　　　　　　　　　　　　　　　　　　　　　　→p.137

❽生物多様性に関する世界目標には，2030年までに世界の陸域と海域の30％以上を保護区にするという「（　　　）」が盛り込まれた。　　　　　　　→p.139

❾2023年，日本は2030年の（　　　）の実現を目指して，新たな生物多様性国家戦略を策定した。　　　　　　　　　　　　　　　　　　　　　　　　→p.139

❿政府は，2021年の（　　　）促進法に基づき，使い捨てプラ製品の提供事業者に向けた使用削減基準を定めた。　　　　　　　　　　　　　　　　　→p.140

解　答

10
環境

❶**化石燃料**：COPは気候変動枠組条約締約国会議。脱化石燃料の流れを明確化。

❷**ニュートラル**：「実質ゼロ」とはCO_2の排出量から森林などの吸収量を差し引いた結果がゼロになること。

❸**2030**：2050年までが「長期目標」。2030年度までが「中期目標」。

❹**脱炭素**：先行地域からの「脱炭素ドミノ」により全国で実現させる。

❺**再生可能**：約10年で2倍以上にするという野心的な目標。

❻**GX**：グリーントランスフォーメーション。2023年にはGX推進法も成立。

❼**カーボンプライシング**：排出量取引制度の本格稼働は2026年度の予定。

❽**30by30**：2022年の昆明・モントリオール生物多様性枠組の主要目標。

❾**ネイチャーポジティブ**：「自然再興」でもOK。生物多様性について，損失を止めるだけでなく，回復に転じさせる決意を表している。

❿**プラスチック資源循環**：使用量が年5トン以上の事業者が対象。

第11章

司法警察

民法（親子法制）

出題可能性 ★ ★ ★

2022年の改正法は，「嫡出推定」を見直し。「懲戒権」もなくした！

2022年，改正民法等が成立❶。親子法制にかかわる定めが改められた。

◆嫡出推定の見直し

民法は，子どもの父親について「離婚の日から300日以内に生まれた子は前夫の子と推定する」と規定。これを避けるため，母親が出生届を出さず，子が無戸籍者になるケースが出ているという。

改正法は「嫡出推定」制度を見直し。**「再婚した場合は，離婚の日から300日以内に生まれた子でも今の夫の子」**とする例外規定を設けた。女性だけに設けられていた「離婚から100日間の再婚禁止期間」も廃止する❷。

「嫡出推定」に基づく父子関係を否認する**「嫡出否認」制度も拡充**。父親だけに認めていた嫡出否認権を子どもと母親等にも拡大する。嫡出否認の訴えができる期間も延長。「1年以内」から「原則3年以内」に改める❸。

◆懲戒権の削除

改正法は，親権者が子どもを懲戒できるとする**「懲戒権」の規定を削除**。さらに，**子どもに対する体罰や，心身の健全な発達に有害な影響を及ぼす言動の禁止**を新たに定めた。

今回の民法改正の背景にあるのは「しつけ」を口実とした児童虐待の問題。この改正により，被虐待児が少なくなることを祈りたい。

❶2024年4月施行（懲戒権に関する規定は2022年12月施行）。

❷民法には，「結婚（再婚）の日から200日を経過して生まれた子は今の夫の子と推定する」との規定もある。女性の再婚禁止期間は，前夫と今の夫が重複して父親と推定されるのを防ぐために設けられていた。

❸子どもについては，一定の要件を満たす場合，21歳になるまで訴えができる。

11

司法警察

出る文

➡ 2022年の改正民法は，「再婚した場合は，離婚の日から300日以内に生まれた子でも今の夫の子」とする例外規定を設けた。

➡ 2022年の改正民法は，「懲戒権」に関する規定を削除し，子どもに対する体罰などの禁止を新たに定めた。

民事訴訟法

民事裁判でも進む手続きのオンライン化。六法関連は時事でも出題あり！

◆民事裁判手続のIT化

　2022年，改正民事訴訟法が成立❶。提訴から判決までのすべての手続きをオンラインでできるようにする。民事裁判の迅速化・効率化を進め，国民が利用しやすくするのがねらいだ。

　裁判所への訴状等は紙でもオンラインでも提出可能。ただし弁護士等にはオンラインでの提出を義務づける。

　口頭弁論についても，裁判所に出頭せずにウェブ会議の活用を容認❷。証人尋問についても，裁判所や当事者が認めた場合，ウェブ会議を活用できる。

　また，裁判所は原則として訴訟記録や判決を電子化。当事者等がオンライン上で閲覧・ダウンロードできるようにする。

◆新たな審理手続等

　改正法は，**法定審理期間訴訟手続を創設**。民事裁判の審理期間に期限を設ける訴訟手続だ。原告と被告の双方が同意すれば，手続き開始から6か月以内に審理を終え，その後1か月以内に判決を言い渡す❸。

　このほか，**民事裁判において犯罪被害者の氏名や住所などを相手方に秘匿できる制度を創設**。相手方に知られると社会生活を営むのに著しい支障が生じるおそれがある場合などに利用する。性犯罪の被害者等を念頭に置いた改正だ。

❶2022年5月から4年以内に段階的に施行。

❷離婚調停の手続きもウェブ会議を活用できるようになる。

❸ただし，消費者契約や個別労働紛争に関する訴えは対象外とする。

11

司法警察

出る文

➡ 2022年の改正民事訴訟法は，民事裁判について提訴から判決までのすべての手続きをオンラインでできるように改めた。

➡ 改正民事訴訟法は，開始から6か月以内に審理を終え，その後1か月以内に判決を言い渡す「法定審理期間訴訟手続」を創設した。

刑法（刑罰）

「懲役」と「禁錮」がなくなって「拘禁刑」に。話題性のある「侮辱罪」の厳罰化にも留意！

2022年，**改正刑法が成立**[1]。「拘禁刑」の創設や「侮辱罪」の法定刑の引き上げなどが定められた[2]。

◇拘禁刑

改正法は「懲役」と「禁錮」を廃止[3]。「拘禁刑」に**一本化する**。刑の種類が見直されるのは，明治40年（1907年）に刑法が制定されてから初めてのことだ。

新設される拘禁刑は「改善更生を図るため」の刑。懲らしめるための刑から更生させるための刑へと転換し，再犯防止を促す。

拘禁刑では，刑務作業や更生に向けた指導などを受刑者の年齢や特性に応じて実施。柔軟な処遇ができるようになる。

◇侮辱罪

近年，インターネット上の誹謗中傷が社会問題化。自殺に追い込まれる人も出た。

誹謗中傷への対策を強化するため，改正法は公然と人を侮辱した者に適用される**「侮辱罪」を厳罰化**。懲役刑を導入し，法定刑の上限を引き上げた。

改正前の侮辱罪の法定刑は「拘留（30日未満）または科料（1万円未満）」のみ。改正法は，法定刑に「**1年以下の懲役・禁錮または30万円以下の罰金**」を追加した。

これに伴い，公訴時効期間も1年から3年に延長[4]。公訴までの時間にゆとりもできる。

[1] 一部を除き，2025年6月施行。「侮辱罪」関連は2022年7月施行。

[2] 左記のほか，刑の執行猶予制度の拡充等も定めた。

[3] 刑務作業が義務づけられるのが「懲役」，義務づけられないのが「禁錮」。

[4] 刑事訴訟法の定めによる。

✎ プロバイダ責任制限法

2021年の改正法は，インターネット上で誹謗中傷された被害者を迅速に救済するため，発信者情報を1回の手続きで開示できる新たな裁判手続を創設（2022年10月施行）。

11

司法警察

出る文

➡ 2022年の改正刑法により，「懲役」と「禁錮」が廃止され，「拘禁刑」に一本化される。

➡ 2022年の改正刑法は，公然と人を侮辱した者に適用される「侮辱罪」の法定刑の上限を引き上げた。

刑法・刑事訴訟法（性犯罪）

2023年にも刑法は改正。今年出題することに不同意？

2023年6月，**改正刑法・刑事訴訟法が成立**（一部を除き同年7月施行）。性犯罪の規定を大きく見直した❶。

◇不同意性交等罪・不同意わいせつ罪

改正刑法は，従来の強制性交等罪と準強制性交等罪を統合し，**不同意性交等罪**に改称。強制わいせつ罪と準強制わいせつ罪も統合し，**不同意わいせつ罪**に改めた。

改正法は，**不同意性交等罪などの成立要件**について，一定の原因等により，同意しない意思を形成・表明・全うすることが難しい状態にさせることと規定。「一定の原因」には「暴行・脅迫」「心身障害」「アルコール・薬物」「意識不明瞭」「いとまの不存在」「恐怖・驚愕」「虐待」「地位による影響力（地位の悪用）」の8つを挙げた❷。

また，「**性交同意年齢**」を13歳以上から**16歳以上に引き上げ**。16歳未満の子どもに対し性交等をすると，同意の有無にかかわらず，不同意性交等罪などとして処罰される（ただし，13歳以上16歳未満の子どもについては，行為者が5歳以上年長者の場合）。

◇面会要求等罪

改正刑法は「**16歳未満の子どもに対する面会要求等罪**」を新設。16歳未満の子どもを懐柔してわいせつ目的で会うことを要求したり，会ったりすると処罰される（ただし，13歳以上16歳未満の子どもについては，行為者が5歳以上年長者の場合）。

❶刑事訴訟法の改正では，性犯罪の公訴時効期間をそれぞれの罪について5年延長した（不同意性交等罪は15年，不同意わいせつ罪は12年など。なお，被害者が18歳未満の場合，18歳になったときから数える）。

❷改正刑法は，配偶者間でも要件を満たせば不同意性交等罪などが成立することを明文化。

✎ 性的姿態撮影行為等処罰法

2023年に成立。性的部位や下着等を盗撮する「性的姿態等撮影罪」や，それを提供する「性的映像記録提供等罪」などを新設した。

出る文

→ 2023年の改正刑法は，同意しない意思を形成・表明・全うすることが難しい状態にさせることを不同意性交等罪などの成立要件とした。

→ 2023年の改正刑法は，「性交同意年齢」を16歳以上に引き上げ，また「16歳未満の子どもに対する面会要求等罪」を新設した。

11

司法警察

刑事訴訟法（逃亡防止等） 出題可能性 ★ ★

刑訴法の改正のねらいは逃亡防止。頼りにするのはGPS端末！

◇保釈中の被告人の逃亡防止

2023年5月，**改正刑事訴訟法等が成立**❶。日産自動車元会長のカルロス・ゴーン被告の海外逃亡などを受け，防止策を整備した❷。

改正法は，保釈中の被告人の海外逃亡を防ぐために必要な場合，**裁判所がGPS端末の装着を命じることができる制度を導入**。被告人がGPS端末を取り外したり，空港や港湾周辺などの所在禁止区域に立ち入ったりすると，保釈は取り消され，処罰される❸。

新たな罰則も規定。保釈中の被告人が公判期日に出頭しない場合（公判期日不出頭罪）や，裁判所が指定した住居から一定期間離れた場合（制限住居離脱罪）には，処罰される❹。

また，裁判所が保釈中の被告人の監督者を選任できる制度を創設。監督者には「監督保証金」を納付させ，被告人が逃亡した場合，没収できる。

◇犯罪被害者の個人情報保護

このほか改正法は，逮捕や裁判などの**刑事手続において犯罪被害者等の氏名や住所などを秘匿できる制度を導入**。犯罪被害者の氏名や住所などを記載せずに逮捕状や起訴状等を加害者に示せるようにする。

対象となるのは性犯罪の被害者等。被害者の個人情報を秘匿しつつ刑事手続が進められるようになる。

❶一部を除き2023年5月から5年以内に施行。

❷左記のほか，改正法は「逃走罪」について，対象を被告人や受刑者だけでなく，逮捕された容疑者等にも拡大。法定刑を「1年以下の懲役」から「3年以下の懲役」に引き上げた。

❸1年以下の拘禁刑を科す。

❹どちらも2年以下の拘禁刑を科す。

🖊刑法犯の認知件数

2022年の刑法犯の認知件数は，街頭犯罪等が増え，20年ぶりに前年より増加。60.1万件となった（前年は戦後最小の56.8万件）。

11
司法警察

出る文

➡2023年の改正刑事訴訟法は，GPS端末装着を可能にするなど，保釈中の被告人の逃亡を防ぐ制度を導入した。

➡2023年の改正刑事訴訟法は，刑事手続において犯罪被害者の個人情報を秘匿する制度を導入した。

所有者不明土地

各地で所有者不明土地が問題化。発生を予防し，土地利用を円滑化する！

◇所有者不明土地の問題

　所有者不明土地とは，所有者がわからない土地，あるいは所有者が所在不明で連絡がつかない土地。近年増加し，問題となっている。

　こうした土地は，放置されていることも多く，所有者を見つけるのに時間と費用が必要。加えて，共有者が多数いたり，一部が所在不明だったりすると，土地の管理・利用に必要な合意形成も難しい。

　このため**土地の利活用が阻害**され，民間取引ができなかったり，用地買収ができずに公共事業や復旧・復興事業が進まなかったりする。隣接地に悪影響が出ているケースもある。

◇民法等の改正と相続土地国庫帰属法

　2021年，**改正民法等**と**相続土地国庫帰属法**が成立（2023年4月以降順次施行）❶。所有者不明土地の解消に向け，発生予防と利用の円滑化を図る。

　改正法は不動産登記制度を見直し，**相続登記や住所変更登記の申請を義務化**❷。ただし，その手続きを簡素化・合理化する。また，新法で**相続土地国庫帰属制度を創設**❸。土地を手放しやすくする。

　さらに，土地利用に関する民法の規定も改正。所有者不明土地・建物管理制度の創設，共有者が不明な場合の共有地の利用を円滑化する仕組みの整備，長期間経過後の遺産分割の見直しなどを定めた。

📝**空家等対策特別措置法**

　2023年の改正法は，空家等活用促進区域制度の創設，管理不全空家の固定資産税減額措置の解除等を定めた。

❶改正不動産登記法を含む。

❷相続登記は取得を知った日から3年以内，住所変更登記は住所変更日から2年以内の申請を義務づける（正当な理由のない申請漏れには過料が科される）。

❸相続等で取得した不要な土地を国に引き取ってもらえる制度。要件があり，法務大臣の承認が必要。10年分の管理費相当額を支払う。

出る文

→ 2021年の改正民法等は，所有者不明土地の発生を予防するため，不動産の相続登記や住所変更登記の申請を義務化した。

→ 2021年の相続土地国庫帰属法は，土地を手放しやすくするため，相続した土地を国庫に帰属できる制度を創設した。

11

司法警察

DV防止法・ストーカー規制法 出題可能性 ★ ★ ★

2023年，DV防止法が大きく改正。精神的な暴力も対象となる！

◇DV防止法の改正

2022年はDV（配偶者からの暴力）被害が増加。警察に寄せられた相談等の件数は8万4496件に及び，DV防止法が施行された2001年以降の最多を更新した。

2023年5月，**改正DV防止法が成立**（一部を除き2024年4月施行）。「保護命令制度」が拡充された❶。

改正法は，接近禁止命令等を申立てできる被害者に「自由，名誉，財産に対する脅迫を受けた者」を追加し，発令要件を「心身に重大な危害を受けるおそれが大きいとき」に拡大❷。**保護命令の対象行為に，身体的暴力だけでなく，言葉や態度による精神的な暴力を追加**した。

このほか，電話等禁止命令の対象に電話やメールだけでなくSNS等を追加。被害者の子どもへの電話禁止命令も新設した。接近禁止命令等の期間は6か月から1年間に延長。さらに，保護命令違反を厳罰化した❸。

◇ストーカー規制法の改正

2022年にはストーカー被害も多発。警察に寄せられた相談等の件数は，前年より597件減ったものの，1万9131件にのぼった。

2021年の**改正ストーカー規制法は対象行為を拡大**（同年施行）。①GPS機器などによる位置情報の無承諾取得等❹，②現に所在する場所付近での「見張り」等，③拒まれたにもかかわらず手紙などの「文書」を連続して送り付ける行為を規制対象に追加した。

❶保護命令制度とは，被害者からの申立てに基づき，裁判所が配偶者に被害者への接近禁止や電話等禁止命令等を発令する制度。

❷改正前の被害者は，「身体への暴力や生命等への脅迫を受けた者」に限定。改正前の発令要件は，「心身」の部分が「身体」だった。

❸「1年以下の懲役または100万円以下の罰金」から「2年以下の懲役または200万円以下の罰金」に厳罰化。

❹相手のスマホに無断で位置情報共有アプリを入れて位置情報を取得することや，相手の自動車に無断でGPS機器を取りつけること等。

11

司法警察

出る文

➡ 2023年の改正DV防止法は，保護命令の対象行為に身体的暴力だけでなく精神的暴力を追加するなど，保護命令制度を拡充した。

➡ 2021年の改正ストーカー規制法は，GPS機器等を使った位置情報の無承諾取得などを規制対象に追加した。

少年法

少年法は2021年に大きく改正。18・19歳は「特定少年」として厳罰化！

◇少年法の改正

2021年，改正少年法が成立（2022年4月施行）。成年年齢や選挙権年齢が20歳から18歳に引き下げられたことを受けた改正だ。

改正後も18・19歳は少年法の適用対象。事件はすべて家庭裁判所に送られ，家庭裁判所が処分を決定する❶。ただし，**18・19歳については「特定少年」と規定**。17歳以下とは異なる取扱いをする。

改正法は，特定少年について，家庭裁判所が原則として逆送の決定をしなければならない「**原則逆送対象事件**」を拡大❷。18・19歳で犯した強盗罪，強制性交等罪，組織的詐欺罪，現住建造物等放火罪なども対象となった❸。しかも，逆送決定後，特定少年は20歳以上の者と同様に取り扱われる❹。

少年事件の犯人の実名・写真等の報道禁止規定も見直し。**特定少年による事件が起訴された場合は，報道を解禁する**（略式起訴を除く）。

◇少年犯罪の動き

2022年の刑法犯少年の検挙人員は戦後最小だった前年に比べ微増。前年より69人（0.5％）増え，1万4887人となった。

人口1000人当たりの検挙人員は，少年では2.3人。20歳以上（1.5人）と比べ，引き続き高い水準だった。

❶家庭裁判所が決定する処分には，逆送（検察官送致）や保護処分（少年院送致や保護観察等）などがある。

❷逆送されると，検察官によって刑事裁判所に起訴され，刑事裁判で有罪になれば刑罰が科される。

❸改正前は，16歳以上の少年の時に犯した故意の犯罪行為で被害者を死亡させた事件のみが対象だった。改正により，死刑，無期または1年以上の懲役・禁錮に当たる罪の事件を対象に追加した。

❹特定少年については，刑罰内容も20歳以上と同様となる。

11

出る文

→ 2021年の改正少年法は，18・19歳の者を「特定少年」と定め，原則として逆送されなければならない対象事件を拡大した。

→ 2021年の少年法の改正により，特定少年による事件が起訴された場合，犯人の実名・写真等の報道が解禁された。

入管法

改正入管法は保護すべき人を確実に保護。退去を拒む人の長期収容問題を解決する！

2023年6月，**改正入管法等が成立❶**。改正法は，紛争避難民など難民条約上の難民ではないが，**難民に準じて保護すべき外国人を「補完的保護対象者」と認定**。保護すると定めた❷。

◇送還忌避問題の解決

改正前，難民認定申請中の外国人については，一律に送還を停止。不法滞在などで退去を命じられた外国人でこれを悪用・濫用する者がいて，問題視されていた。

改正法は，一律に送還停止する規定を改め，例外規定を創設。3回目以降の申請者，3年以上の実刑前科者，テロリスト等については，**難民認定申請中であっても退去させることを可能とした❸**。

◇収容の諸問題の解決

改正前，退去が確定した外国人については，退去まで原則として施設に収容。退去を拒み続ける者がいると収容が長期化し，さまざまな問題が生じていた。

改正法は，**「原則収容」を改め，収容に代わる「監理措置」制度を創設**。監理人の監理下で逃亡等を防ぎつつ，収容せずに退去強制手続を進める制度だ。収容か監理措置かは個別事案ごとに判断。逃亡等のおそれのほか，本人が受ける不利益も考慮される。

収容については，長期化を防ぐため3か月ごとに見直し。必要がなければ監理措置に移行させる。

❶一部を除き2023年6月から1年以内に施行。入管法＝出入国管理及び難民認定法。

❷難民と同様，在留資格は定住者。改正前，ウクライナからの避難民については，法務大臣の裁量により受け入れてきた。

❸このほか，強制退去させる手段がない外国人（退去を拒む自国民を受け取らない国の者，航空機内で送還妨害行為に及んだ者）に対し，退去を命令する制度を創設。命令に従わない場合は刑事罰を科されうるとし，自ら帰国するよう促す。

11

司法警察

出る文

➡ 2023年の改正入管法等は，紛争避難民など難民に準じて保護すべき外国人を「補完的保護対象者」と認定し，保護すると定めた。

➡ 2023年の改正入管法等は，3回目以降の申請者等については難民認定申請中であっても退去させることを可能とした。

著作権法

著作権法は2023年にも改正。公務員の仕事にかかわる改正もあり，注目度アップ！

◇立法・行政における権利制限規定

著作権法は著作権保護のための法律。他人の著作物を利用する際，原則として著作権者の許諾を要すると定めている。ただし，特定の場合には著作権が制限され，許諾を得なくても利用が可能。これを「権利制限規定」という。

2023年の改正著作権法は，立法・行政における権利制限規定を見直し❶。著作権者の許諾がなくても，立法・行政のための内部資料や特許審査の行政手続等に必要であれば，著作物をメール送信等できるとした❷。

◇新裁定制度の創設

デジタル化の進展で過去の作品や個人がネット上に公開した作品への利用ニーズが増大。だが，利用しようとすると，著作権者の許諾を得るのが難しい場合も多い。

そこで2023年の改正法は，**著作物等の利用に関する新たな裁定制度を創設❸**。利用の可否について著作権者の意思が確認できない著作物について，文化庁長官の裁定を受け，補償金を支払うことにより3年を上限として利用できるようにする❹。

利用されていることに気づいた著作権者は，文化庁長官に裁定の取消しを請求可能。裁定が取り消された場合，利用は停止され，利用されていた間の補償金を受け取ることができる❺。

❶2021年の改正法は，図書館がかかわる権利制限規定を見直し。一定の条件の下，図書館は著作物の一部を調査研究目的の利用者にメール送信等できると定めた。

❷2024年1月施行。

❸2023年5月から3年以内に施行。

❹新制度の事務手続を行う利用者窓口を設置。その業務を文化庁長官による指定・登録を受けた民間機関が担えるようにする。

❺裁定の取消後も利用し続けたい場合，著作権者との間で交渉を行う。

11

司法警察

出る文

➡2023年の改正著作権法は，立法・行政の内部資料等に必要であれば，著作権者の許諾なく著作物をメール送信等できると定めた。

➡2023年の改正著作権法は，著作権者の意思が確認できない著作物の利用についての新たな裁定制度を創設した。

道路交通法

近年，道交法は改正続き。自転車に乗るときはヘルメットをかぶるよう努めよう！

◇高齢運転者対策

75歳以上の運転免許保有者数は増加傾向。高齢運転者が起こした悲惨な死亡事故も発生している。

2020年の改正道路交通法（以下，道交法）は，高齢運転者の事故対策を強化（2022年5月施行）。**75歳以上で一定の違反歴のある運転者に，運転免許証を更新する際，「運転技能検査」を義務づけた。**更新期限の6か月前から何度でも受検できるが，期限までに基準に達しないと免許の更新はなされない。

また，安全運転サポート車（サポカー）のみを運転できる免許を創設。サポカーとは，自動ブレーキ等の先進安全機能を備えた車のことだ。

◇特定自動運行の許可制度

2022年の改正道交法は，**運転者がいない状態での自動運転（いわゆる「レベル4」に相当）を「特定自動運行」**と規定。限定地域において遠隔監視のみで無人自動運転移動サービスを行う特定自動運行の許可制度を創設した（2023年4月施行）❶。

サービス事業者は，都道府県公安委員会に運行計画を提出し，許可を得ることが必要。運行にあたっては，遠隔の監視装置を設置し，監視する者（特定自動運行主任者）を配置しなければならない。交通事故等の場合には，特定自動運行主任者等による対応を義務づける。

◇新たなモビリティの交通ルール

2022年の改正道交法は，最高速度や大きさが一定基準内の電動キックボード等を**「特定小型原動機付自転車」**と規定。交通ルールを定めた（2023年7月施行）。

特定小型原動機付自転車の運転に免許は不要。ただし，16歳未満の運転は禁止する。運転時のヘルメットの着用は努力義務。原則として車道通行だが，最高速度が一定以下のものは例外的に歩道を通行できる。違反行

交通事故の状況

2022年の交通事故死者数は2610人。前年より26人（1%）減少し，現行統計開始以降での最少を更新した。なお，65歳以上の高齢者の割合は56.4%と高い。

交通事故の負傷者数と交通事故発生件数は18年連続で減少。負傷者数は前年比1.5%減の35.7万人，発生件数は前年比1.4%減の30.1万件。（2023年の『交通安全白書』）。

❶廃線跡などでの無人巡回バスなどを想定。

第11次交通安全計画

2021年策定。目標は，2025年までに①死者数を2000人以下，②重傷者数を2万2000人以下とすること。

運転免許証とマイナカードの一体化

2022年の改正道交法により，希望者は運転免許情報をマイナンバーカードに記録できるようになる（2024年度末までに施行）。

為については，交通反則通告制度や放置違反金制度を適用。危険な違反行為を繰り返す者には都道府県公安員会が講習の受講を命ずる。

また改正法は，最高速度や大きさが一定基準内の自動配送ロボット等を「遠隔操作型小型車」と規定。歩行者と同様の交通ルール（歩道・路側帯の通行，横断歩道の通行等）を適用するとした。使用するには，都道府県公安委員会への届出が必要となる（2023年4月施行）。

◇自転車の安全利用

2022年の改正道交法は，**すべての自転車利用者に対し，乗車用ヘルメットの着用を努力義務化**（2023年4月施行）。自転車乗用中に死亡した人の約6割は頭部に致命傷を負っている。ヘルメットをかぶっていなかった場合の致死率は，かぶっていた場合の約2倍となっている。こうした実態を踏まえた改正だ。

交通事故件数全体は減少傾向。だが，自転車関連交通事故件数は2021年に増加に転じ，2022年も増えた❷。また，2022年に起きた自転車対歩行者事故の発生件数のうち，約4割が歩行者優先の歩道上で発生。自転車関連の死亡・重傷事故では，自転車側に何らかの法令違反があったケースが約7割を占めた。

警察は，歩行者や他の車両にとって危険・迷惑な自転車利用者への指導取締りを強化。自転車に乗るときは，今一度交通ルールを確認しておこう。

📝 **「あおり運転」対策**

2020年の改正道交法は，他の車両等の通行を妨害する目的で，車間距離を詰めたり，急ブレーキをかけたりするといった違反行為を「妨害運転」と規定。罰則を設けた。妨害運転により，著しい危険を生じさせた場合（高速道路上で他の車を停止させる等）は，さらに重刑化した（2020年6月施行）。

❷以下の数値は2023年の『警察白書』による。

出る文

➡ 2020年の改正道路交通法は，75歳以上で一定の違反歴のある運転者に運転免許証を更新する際，「運転技能検査」を義務づけた。

➡ 2022年の改正道路交通法は，限定地域において遠隔監視のみで無人自動運転を行う際の許可制度を創設した。

➡ 2022年の改正道路交通法は，電動キックボード等の交通ルールを定め，また自動配送ロボット等の届出制度を新設した。

➡ 2022年の改正道路交通法は，すべての自転車利用者に対し，乗車用ヘルメットの着用を努力義務化した。

11

司法警察

司法警察の出る文穴埋めチェック

❶2022年の改正民法は，「再婚した場合は，離婚の日から300日以内に生まれた子でも（　　）の子」とする例外規定を設けた。　　　　　　　　→p.144

❷2022年の改正刑法により，「懲役」と「禁錮」が廃止され，「（　　）」に一本化される。　　　　　　　　　　　　　　　　　　　　　　　　　　　　→p.146

❸2023年の改正刑法は，（　　）しない意思を形成・表明・全うすることが難しい状態にさせることを不（　　）性交等罪などの成立要件とした。　→p.147

❹2023年の改正刑事訴訟法は，（　　）装着を可能にするなど，保釈中の被告人の逃亡を防ぐ制度を導入した。　　　　　　　　　　　　　　　　　　→p.148

❺2021年の改正民法等は，（　　）土地の発生を予防するため，不動産の相続登記や住所変更登記の申請を義務化した。　　　　　　　　　　　　　→p.149

❻2023年の改正DV防止法は，（　　）の対象行為に身体的暴力だけでなく精神的暴力を追加するなど，（　　）制度を拡充した。　　　　　　　　→p.150

❼2020年の改正少年法は，18・19歳の者を「（　　）」と定め，原則として逆送されなければならない対象事件を拡大した。　　　　　　　　　　　→p.151

❽改正入管法等は，3回目以降の申請者等については（　　）認定申請中であっても退去させることを可能とした。　　　　　　　　　　　　　　　　→p.152

❾改正（　　）法は，（　　）者の意思が確認できない著作物の利用についての新たな裁定制度を創設した。　　　　　　　　　　　　　　　　　　　→p.153

❿2022年の改正道路交通法は，（　　）の交通ルールを定め，また自動配送ロボット等の届出制度を新設した。　　　　　　　　　　　　　　　　　→p.155

解　答

❶**今の夫**：女性の「離婚から100日間の再婚禁止期間」も廃止する。

❷**拘禁刑**：受刑者の年齢や特性に応じた処遇をする。

❸**同意**：性交同意年齢については，16歳以上に引き上げた。

❹**GPS端末**：「公判期日不出頭罪」や「制限住居離脱罪」も新設。

❺**所有者不明**：同時に，登記の手続きを簡素化・合理化する。

❻**保護命令**：2022年のDV被害相談等件数は，2001年以降の最多を更新。

❼**特定少年**：17歳以下とは異なる取り扱いをする。

❽**難民**：難民認定申請中の外国人を一律に送還停止する規定を改めた。

❾**著作権**：文化庁長官の裁定を受け，補償金を支払うことにより3年を上限として利用できるようにする。

❿**電動キックボード等**：特定小型原動機付自転車でも可。免許は不要だが，16歳未満の運転は禁止。

11

司法警察

第12章

社会問題

防災対策

2023年は関東大震災からちょうど100年。日本の震災対策を改めて問う！

◇防災白書

2023年の『防災白書』は100年前に起きた**関東大震災**を特集。相模トラフ（海底の溝状地形）を震源とする海溝型地震で，マグニチュードは7.9だった❶。死者・行方不明者は10万5000人。約9割が火災による焼死だった。

この震災を機に，日本は世界に先駆けて**建築物の耐震基準を創設**。2年後には東京帝国大学に地震研究所が設立され，地震防災に関する研究が積極的に行われるようになった。

マグニチュード7クラスの**首都直下地震の発生確率は今後30年間で70%**。中央防災会議の首都直下地震対策検討ワーキンググループの試算（2013年）は，建物の倒壊と火災で約2万3000人が死亡するとしている。

『防災白書』は東京圏における人口集中や高齢化を懸念。特に高齢者については**災害関連死の防止対策**が課題であると指摘した。

◇災害対策

2021年，**改正災害対策基本法が成立**。市町村は高齢者・障害者等の「避難行動要支援者」ごとに「個別避難計画」の作成に努めることとなった❷。

同年には**避難情報に関するガイドライン**も改定。市町村が発令する避難情報の「**5段階の警戒レベル**」の表現を修正した❸。実際に避難が始まる警戒レベル3を「高齢者等避難」，警戒レベル4を「避難指示」と呼んで，避難の呼びかけを明確化。また，すでに災害が発生している状況で出される警戒レベル5を「緊急安全確保」に変更し，命が危険な状況である点を強調した❹。

2023年の『防災白書』によると，自治会や小学校区等を範囲とした**地区防災計画**を策定しているのは2091地区（2022年4月時点）。政府は，地域住民が市町村とともに地区防災計画を策定することを促している❺。

❶関東大震災が発生した9月1日は「防災の日」。

❷市町村に義務づけられている避難行動要支援者名簿の作成はすでに約99%の市町村が実施。しかし個別避難計画を作成した自治体は少なく，今回の法改正で作成促進が図られた。

❸大雨警報や洪水警報等の防災気象情報は気象庁が発表。土砂災害警戒情報や河川の氾濫危険情報は国・都道府県が発表する。

❹ちなみに，警戒レベル1では住民に「災害への心構え」を通知。警戒レベル2で「避難方法の確認」を促す。

❺防災対策では自分と家族で行う「自助」と地域で助け合う「共助」が，政府による「公助」にも増して重要とされる。

災害への備えでは**企業の事業継続体制の策定**も重要。2021年の内閣府調査によると，策定率は大企業で70%ほど，中堅企業では40%ほどにすぎない。政府はガイドラインを示して策定を促している❻。

防災教育では，2022年に閣議決定された**第3次学校安全の推進**に関する計画が具体的取組みをリストアップ。地域の災害リスクを踏まえた教材の作成や実践的な防災訓練などを実施する。

◇**地震対策**

西日本の南方沖合にある南海トラフでは，歴史上何度も大地震が発生。この**南海トラフ地震**については，30年以内に確率70〜80%でマグニチュード8〜9の地震が発生すると考えられている❼。

2019年に修正された**南海トラフ地震防災対策推進基本計画**では，震源域の東西どちらか半分で地震が起きたとき（半割れ）の対応を決定。後発地震に備え，被害のない半分でも「1週間の避難態勢」を取ることとした。

一方，北海道から東北の太平洋側では，**日本海溝・千島海溝沿いの海溝型地震**が懸念材料。2022年，政府は発生時の被害想定をもとに，防災対策を公表した。

この地震被害の特徴は，津波，建物・ライフライン・インフラの被害，被害発生エリア（北海道から千葉県まで）がいずれも大きいこと❽。積雪寒冷地であることや全国からの応援に時間がかかることも踏まえ，今後，避難所の防寒対策や必要物資の備蓄などに取り組む。

❻災害時の業務継続体制の策定率は中央官庁では100%，地方自治体では98%（2022年4月時点）。

❼被害想定では死者数は32万人。政府は今後10年で8割減少を図るとしている。

❽被害想定では，死者数は日本海溝型で約20万人，千島海溝型で約10万人。政府は今後10年で8割減少を図るとしている。

✎ **ISUT（アイサット）**
「災害時情報集約支援チーム」の略称。災害情報を収集・整理・地図化し，物資輸送や人員配置に役立てる。

出る文

➡ 首都直下地震への備えでは，東京圏における人口集中や高齢化を踏まえた対策が重要である。

➡ 2021年の改正災害対策基本法は，避難行動要支援者ごとの個別避難計画の作成を市町村の努力義務とした。

➡ 地域（自治会や小学校区等）の居住者が市町村とともにつくる「地区防災計画」は，すでに2000以上の地区で策定されている。

➡ 日本海溝・千島海溝沿いの海溝型地震については，積雪寒冷地であることなどの特徴を踏まえ，新たな対策が進められている。

12

社会問題

国土強靱化

出題可能性 ★ ★

災害に強い国になるためには不可欠。目指すは「強くて, しなやかなニッポン」！

◇国土強靱化対策

　国土強靱化（ナショナル・レジリエンス）への取組みが始まったのは2013年。国土強靱化基本法が成立し, 国土強靱化基本計画が策定された❶。

　2023年7月, **政府は新たな基本計画を閣議決定**。基本方針には,「防災インフラの整備・管理」「ライフラインの強靱化」「デジタル等新技術の活用」「官民の連携強化」「地域における防災力の強化」の5つが掲げられた。

　このうち, **デジタルの活用**については, **スーパーコンピュータによる線状降水帯の予測精度の向上**, ドローンを利用した災害発生現場の状況把握, 住民の安否確認でのマイナンバーカードの有効活用などを列挙。**地域防災力強化**については, 避難生活における災害関連死の最大限防止, 女性のニーズに配慮した取組みの推進, 外国人も含めた格差のない情報発信・伝達などが盛り込まれた。

◇盛土規制法

　2021年, 大雨のため静岡県熱海市で盛土が崩落。土石流が起きて大きな人的・物的被害が出た。

　これを受け, 宅地造成等規制法が2022年に改正。法律名を**宅地造成及び特定盛土等規制法**（通称「盛土規制法」）に改め, 土地の用途（宅地, 森林, 農地等）にかかわらず, 危険な盛土を全国一律の基準で規制するとした。

❶基本計画は5年ごとに改定される。

🖉 防災・減災, 国土強靱化のための5か年加速化対策

　2020年に閣議決定。災害に屈しない強靱な国土づくりを目指して, 2021年度からの5年間に実施する123の具体策を掲げた。事業規模は15兆円。

🖉 洪水対策

　2021年, 改正特定都市河川浸水被害対策法が成立。浸水リスクが高い河川沿いの地域を「浸水被害防止区域」に指定するなど, 対策を強化した。

12

社会問題

出る文

➡2023年に閣議決定された新しい国土強靱化基本計画は,「デジタル等新技術の活用」などを基本方針に掲げた。

➡2022年, 危険な盛土を全国一律の基準で規制する「宅地造成及び特定盛土等規制法」が成立した。

食品ロス

家庭の食品ロスの半分は食べ残し。身近な行政課題として要注意テーマ！

◇食品ロス対策

2020年，政府は初の**食品ロス削減推進基本方針**を策定❶。「本来食べられるにもかかわらず捨てられる食品」をなくすための取組みが本格化した。

消費者には，外食では「食べきり」に努め，余った料理はできる**範囲**で「**持ち帰り**」するように要請❷。生産者と事業者には，規格外品の有効活用や「売り切り」のための工夫などを求めた。

消費者庁は，**賞味期限**（おいしく食べられる期限）と**消費期限**（安全に食べられる期限）の違いについての啓発活動も強化。賞味期限切れ商品の廃棄削減に向け，通称を「おいしいめやす」と決めて普及を図っている。

2021年からは，棚の手前から商品を選ぶ行動を「てまえどり」と呼んで推奨。販売期限が過ぎて廃棄される食品の削減が目的だ。

◇フードバンク

政府は2023年12月，政府（食品ロス削減推進会議）は**食品ロス削減目標達成に向けた施策パッケージ**を発表。食品ロス削減推進法の改正も視野に，政策の充実を図っていくとした。

重点施策の1つは**フードバンク活動の促進**。貧困や災害などで支援が必要な人に食料を提供する活動で，政府や自治体はさまざまな活動支援事業を実施する。

❶2019年に成立した食品ロス削減推進法に基づく。政府は2000年度に980万トンだった食品ロスを2030年度までに半減させることを目指している。

❷政府は，食べ残しの持ち帰り行為の新名称として「mottECO（もってこ）」を採用。普及に努めている。

出る文

→ 2020年，政府は「食品ロス削減推進基本方針」を策定し，外食での「食べきり」や「持ち帰り」を推奨した。

→ 政府は，貧困や災害などで支援が必要な人に食料を提供する「フードバンク活動」の支援を図るとしている。

12

社会問題

消費者行政

消費者基本計画と主な改正法が出題の対象。悪質商法には厳しく対処！

2023年の『消費者白書』は「高齢者の消費」を特集。高齢者については，健康不安，一人暮らし，判断力低下など，消費者トラブルに巻き込まれやすい要因が多いとして，注意喚起や消費者教育の必要性を指摘した。

高齢者については**インターネット通販の相談件数が増加傾向**。2022年は約5万件となり，近年最多を記録した。

テレビショッピングなどでの「定期購入」に関する相談も前年比で倍増（2022年）。化粧品や健康食品についてのトラブルが多いという❶。

◆消費者基本計画

2020年，政府は2020～2024年度の**第4期消費者基本計画**を閣議決定。2021年にはコロナ禍における「新しい生活様式」を踏まえ，一部に変更を加えた。

①**消費者被害の防止**に向けては，消費者の安全確保や取引・表示の適正化を推進❷。消費者の苦情処理・紛争解決の枠組みの整備を図る。

②**消費者による経済・社会構造の変革**については，消費者と事業者の「協働」を重視。食品ロスの削減，脱炭素社会の実現，持続可能な社会の形成を目指す❸。

③**「新しい生活様式」の実践など消費生活の多様な課題への対応**では，感染症や災害等の緊急時の消費者対策を強化。消費者の不安心理につけ込む悪質商法への厳正な対処や，不確かな情報の拡散で混乱が起きないよう正確な情報発信に取り組む❹。

④**消費者教育・啓発活動の推進**では，2018年の消費者教育基本方針を踏まえて対応を強化。学校での消費者教育，ライフステージに応じた消費者教育，ネットワーク社会に対応した消費者教育の3つを推進する。

⑤**消費者行政の体制整備**では「地方消費者行政強化作戦2020」を策定。消費者被害に遭いやすい高齢者などを念頭に「見守りネットワーク」の取組みを進める。

❶75歳以上では，訪問による住宅修理等の「点検商法」についての相談も増えている。

❷輸入食品の安全性についての検査・監視体制も強化する。

❸食品ロスについてはp.161参照。

❹国際化がもたらす「越境消費者トラブル」については，訪日外国人・在留外国人への情報提供や相談体制を強化する。

✎食品リコール届出制度

2021年から，食品関連事業者等がアレルゲンや消費期限などの誤表示・欠落でリコール（自主回収）措置をとった場合，行政への届出を義務化。消費者庁はリコール情報サイトに届出情報を掲載し，健康被害の発生防止を図る。

◆消費者行政に関する近年の法改正

消費者契約法は，霊感商法等の被害防止を強化する目的で2022年に改正・施行。契約の取消権を拡充し，退去困難な場所へ同行させて勧誘する行為や，相談の連絡を妨害する行為などを取消権の対象に含めた。また，解約料の説明も努力義務化。算定根拠を示すよう求めた。

旧統一教会問題を契機として，2022年には**不当寄附勧誘防止法**も制定。不当な勧誘により困惑して寄附の意思表示をした場合の取消権や，借入れ・財産処分等による資金調達の要求禁止を定める。違反には必要な勧告・命令を出し，従わない場合には罰金を科す。

特定商取引法は，訪問販売や通信販売など消費者トラブルを生じやすい取引について，ルールを定めた法律。消費者被害の防止強化に向け，2021年に預託法と合わせて改正された（2022年施行）❺。

改正法は「**送り付け商法**」への**対策を強化**。消費者は一方的に送り付けられた商品を直ちに処分できることになった。また，通販の「詐欺的な定期購入商法」についても，誤認させる表示等を直罰化。契約解除の妨害行為も禁止した。

2023年には**改正景品表示法**が成立（2024年施行予定）。インターネット広告が普及するなか，増える不当表示への対策を強化した。改正法は，ウソや誇大宣伝を行った事業者に対し，行政処分を経ない直罰化（罰金100万円以下）を規定。違反を繰り返した場合は課徴金を1.5倍に割り増すと定めた。

❺預託法関連では，販売預託商法（架空商品を購入させ，レンタルすると称して預かる等）を禁止。

✏ 取引DPF利用消費者利益保護法

オンラインモールなどのDPF（デジタルプラットフォーム）における消費者保護を図るための法律。政府が危険商品の出品削除等を要請できるよう，規定を整備。消費者が損害賠償などを求める場合，取引DPF提供者に対し，販売業者についての情報開示を請求できる権利も創設した（2022年施行）。

出る文

→ 第4期消費者基本計画は，感染症や災害といった緊急時を念頭に，不安心理につけ込む悪質商法への対策を強化するとした。

→ 2022年の改正消費者契約法は，契約の取消権の対象範囲を拡充し，解約料の説明を努力義務化した。

→ 2021年の改正特定商取引法は，「送り付け商法」対策として，消費者は一方的に送り付けられた商品を処分できると定めた。

→ 2023年の改正景品表示法は，不当表示を行った事業者に対し，行政処分を経ない罰金刑を新たに定めた。

12

社会問題

男女共同参画社会

『男女共同参画白書』は昭和モデルから令和モデルへの転換を提唱。昭和レトロはダメなの?!

◇男女共同参画基本計画

2020年，政府は男女共同参画社会基本法に基づき，**第5次男女共同参画基本計画**を閣議決定。2021年度から2025年度に達成する政策目標を掲げた。

残念ながら，第4次基本計画が掲げた「指導的地位の女性割合を2020年末までに30％に引き上げる」との目標（「2020年30％」目標）は未達成。第5次基本計画は**「2020年代の可能な限り早期に30％程度となるよう目指して取り組みを進める」**とトーンを和らげた❶。

また，基本計画は「地域における女性の活躍」を重点施策と位置づけ，積極的に推進。女性が働きやすく暮らしやすい農山漁村づくりを後押しするとした。

さらに，基本計画は**女性の「安全・安心な暮らしの実現」を強調**。あらゆる暴力の根絶，ひとり親や高齢女性の貧困対策，生涯にわたる健康支援，女性の視点からの防災復興の推進などを掲げた。

ドメスティックバイオレンス（DV）対策では，被害者が一時避難する民間シェルターとの連携を強化。性犯罪被害相談電話の全国共通番号である「#8103（ハートさん）」の周知徹底も図る❷。

◇女性版骨太の方針2023

2023年6月に策定された「女性版骨太の方針2023」は**女性活躍と経済成長の好循環**を強調。女性起業家の育成支援に加え，東京証券取引所のプライム市場の上場企業に対し，女性役員を増やす取組みを求めた。

具体的には，プライム市場の取引所規則に新たな規定の設定を要求。**女性役員1人以上の選任**（2025年まで），**女性役員比率30％以上の実現**（2030年まで），そしてそのための**行動計画の策定**の3つだ。

ちなみに，企業における女性活躍については，2016年に施行された**女性活躍推進法**が，行動計画の策定・届出・周知・公表を大企業（労働者301人以上）に義務

❶性別に基づき一定の人数や比率を割り当てる「クオータ制」などのポジティブ・アクション（積極的改善措置）の自主的採用を積極的に促していく。

❷このほか2020年には，配偶者暴力相談支援センター等につながる「#8008（はれれば）」や，性犯罪・性暴力の支援センター等につながる「#8891（はやくワンストップ）」を導入。

✎ 困難女性支援法

2022年，「困難女性支援法」が議員立法で成立。2024年4月に施行される。新法は女性支援の根拠法を従来の売春防止法から変更。DV・ストーカー被害，性暴力・性犯罪被害，不安定な就労，生活困窮など，さまざまな困難を抱える女性を支援するため，都道府県に「女性相談支援センター」の設置を義務づける。

12

社会問題

化。2019年の法改正で**対象企業が労働者101人以上の中小企業にも拡大**され，2022年度から実施されている**❸**。

また，「女性版骨太の方針2023」は，**女性の所得向上・経済的自立**に向けた取組みも強化。ライフイベントとキャリア形成を両立できる環境づくりを進めるとした。

具体策では，長時間労働慣行の是正や多様な正社員制度の普及を促進。ベビーシッターの保育の質の確保や家事支援サービスの信頼性向上にも取り組んでいく。

女性のリ・スキリングも積極的にサポート。2022年に策定した「**女性デジタル人材育成プラン**」の着実な実行にも取り組む。

◆男女共同参画白書

2023年の『男女共同参画白書』は，「男性は仕事，女性は家庭」の昭和モデルからの脱却を提唱。コロナ禍を経て社会意識が変わってきた今こそ，「すべての人が希望に応じて**家庭でも仕事でも活躍できる令和モデル**」の生活様式に切り替える時だと主張した。

意識の変化は，特に若い世代で顕著。若い女性は，上の世代に比べ，就業を継続したり，昇進して管理職になったりすることへの意欲が強い。一方，若い男性では，上の世代に比べ，家事・育児等への抵抗感が少なく，育児休業の取得意欲も高い**❹**。

さらなる女性活躍に向けては，男性の育休取得や長時間労働の是正も不可欠。女性の就労時間を少なくさせている「年収の壁」等の制度の見直しも必要になる**❺**。

❸行動計画には数値目標が必要。女性採用比率や女性管理職比率などを盛り込むことも求められている。

🖊 **LGBT理解促進法**

2023年6月成立。性的指向やジェンダーアイデンティティの多様性に関する理解を広め，不当な差別の抑止を図る。

❹子どもがいる若い世代では，女性は家事・育児時間を減らしたいと思い，男性は仕事時間を減らして家事・育児時間を増やしたいと思う傾向にある。

❺年収の壁についてはp.55。

出る文

→ 第5次男女共同参画基本計画は，指導的地位における女性の割合を2020年代の早期に30%程度にするとの目標を掲げた。

→ 「女性版骨太の方針2023」は，プライム市場の上場企業に対し，女性役員を増やす具体的取組みを求めた。

→ 改正女性活躍推進法に基づき，2022年度から労働者101人以上の中小企業にも数値目標を含む行動計画の策定等が義務化された。

→ 2023年の『男女共同参画白書』は，家庭と職場の生活様式を「昭和モデルから令和モデルへ」転換すべきだと主張した。

12

社会問題

政策決定への女性の参画

出題可能性 ★ ★ ★

> ジェンダー・ギャップの解消は日本社会の重要課題。公務員になるなら注目は当然！

◇ジェンダー・ギャップ指数

2023年6月，「世界経済フォーラム」はジェンダー・ギャップ指数を発表❶。日本は146か国中の125位で，前年より9ランクもダウンして，2006年の指数公表以来の最低となった。先進国ではもちろん最低。アジアでも韓国，中国，ASEAN諸国などより順位が低く，きわめて不名誉な結果となった。

この指数に含まれるのは，経済，政治，教育，健康の4分野における男女格差の状況。日本は教育では47位，健康では59位だったが，政治と経済は最下位レベル（政治138位，経済123位）。政策決定や方針決定への女性の参画は喫緊の課題だ❷。

◇女性議員数の動向

女性国会議員の割合は**衆議院で9.7%**。2017年の総選挙後に10.1%に上昇したのに，2021年の総選挙でまた1ケタに逆戻りしてしまった。

一方，**参議院では25.8%**。2022年7月の参院選では過去最多の35人が当選し（改選議員の27.4%），非改選と合わせた女性議員数は過去最多の64人となった。世界水準には及ばないが，改善はしてきた。

2023年の『男女共同参画白書』によると，女性の割合が低いのは地方議会でも同じ❸。東京特別区の区議会（30.8%）と政令指定都市の市議会（20.8%）では比較的高いが，**都道府県議会（11.8%），市議会全体（17.4%），町村議会（12.2%）**では，女性議員が少ない状況が続いている。

◇候補者男女均等法

2018年，**候補者男女均等法（政治分野における男女共同参画推進法）**が成立。「女性議員の増加がより強く促されるべきだ」という認識に立つ画期的な法律だ。

同法は基本原則で，衆議院，参議院，地方議会の選挙

❶世界経済フォーラムは，世界的に著名な経営者や政治家などが参加する「ダボス会議」で知られる非営利財団。

❷第5次男女共同参画基本計画は，政治分野における女性の参画が遅れている理由について，議員活動と家庭生活の両立困難，人材育成の不足，候補者や政治家に対するハラスメントなどがあると指摘した。

❸以下，地方議会に関する数値は2022年末時点。

企業の決定過程への女性の参画

2022年の企業の管理職（役員と課長相当職以上）の女性割合は12.9%。欧米諸国では30%以上が当たり前。アジアでもフィリピンの53.4%やシンガポールの38.1%など，日本より高い国がある。

12

社会問題

では「男女の候補者の数ができる限り均等となること」を目指すと宣言。政治活動の自由に留意しつつも，政党や政治団体は，この基本原則の実現に「自主的に取り組むよう努める」と定めた。

ただし，この「立候補者の男女均等」はあくまでも努力義務。違反した政党などに対する罰則はない。

同法は2021年に改正。女性の立候補が妨げられないように，**政党や国・自治体にセクハラやマタハラの防止策を求めた。**また，政党に対しては男女の候補者数の目標設定を要求。候補者選定方法の改善や候補者の人材育成などに取り組むよう求めた❹。

◇行政分野の女性割合

国家公務員の採用については改善傾向。2023年度の国家公務員採用者の女性割合は前年を1.5ポイント上回る37.2%となり，毎年35%以上という男女共同参画基本計画の目標を5年連続で達成した。

ただし，2023年の『男女共同参画白書』によると，役職における女性割合は，**本省課長補佐級で14.1%，本省課室長級では6.9%**（2022年7月時点）。増える傾向にはあるが，30%程度にするという男女共同参画基本計画の目標には達していない。

地方公務員における課長級職員の女性割合は，都道府県で13.9%，市区町村で19.0%❺。**部局長・次長級では都道府県が8.1%，市区町村が11.5%**で，着実に増えてはきたが，こちらも依然として低い。

❹男女共同参画基本計画が掲げる国政選挙候補者の女性割合の成果目標は「2025年までに35%」。候補者男女均等法適用後について見ると，総選挙では変化なし（2017年も2021年も18%弱）。一方，参院選では24.7%（適用前の2016年）から28.1%（2019年），33.2%（2022年）へと着実に上昇した。

❺地方公務員についての数値は2022年4月1日現在。

✎司法分野の女性割合

司法分野の女性割合は，裁判官で23.7%，検察官で25.8%，弁護士では19.6%と，比較的高い。

出る文

→ 2023年の世界経済フォーラムのジェンダー・ギャップ指数で，日本は146か国中の125位となり，これまでの最低順位を記録した。

→ 政策決定過程に参画する女性は日本ではきわめて少なく，衆議院議員の女性割合は1割に満たない。

→ 2021年の改正候補者男女均等法は，女性の立候補を妨げないよう，政党や国・自治体にセクハラ・マタハラの防止策を求めた。

→ 2023年度の国家公務員採用者の女性割合は約37%で，35%以上という男女共同参画基本計画の目標を5年連続で達成した。

12

社会問題

人口

今後の政策を考える基礎データ。地方試験の受験者は地元情報を自分でリサーチ！

◇日本の人口

総務省統計局の「人口推計」によると，2022年10月1日時点での**日本の総人口は約1億2495万人**❶。前年に比べると55万6000人（0.44%）の減少だった（減少は12年連続）❷。

自然増減と社会増減に分けると，自然増減は73万1000人の減少（16年連続）。一方，社会増減は17万5000人の増加となった（2年ぶり）。コロナ禍の影響が少なくなり，外国人が増えてきたためだ。

厚労省の「人口動態統計」を見ると，**出生数は顕著に減少**❸。1985年には約143万人だったが，2016年には100万人を下回り，2022年には早くも80万人を割り込んで約77万人になった。もちろん過去最少だ。

国立社会保障・人口問題研究所の「日本の将来推計人口」によると，**総人口は今後さらに減少**❹。2045年には1億880万人，2056年には1億人を割り込み，2070年には8700万人になると予測されている（中位推計）。

生産年齢人口（15〜64歳）も減少の一途。2020年には約7500万人だったが，2032年には7000万人を，2043年には6000万人を下回り，2070年には約4500万人になる。ピーク時（1995年）の約8700万人と比べると半分ほどになってしまうのだ。

◇都道府県の人口

住民基本台帳に基づく総務省の統計で2023年1月1日時点の都道府県人口を見ると，東京都が最も多くて約1384万人❺。2位以下は神奈川県，大阪府，愛知県，埼玉県，千葉県，兵庫県，北海道の順で，これら**上位8都道府県で日本の全人口の半数を占めている**（50.8%）。

一方，人口が最も少ない県は鳥取県（約54万人）。次いで島根県，高知県，徳島県，福井県となっている。

2022年の1年間で**人口が増えたのは東京都**だけ。わずかだが，前年の減少から増加に転じた❻。

❶2023年4月公表。なお，2020年の国勢調査によると，10月1日時点の日本の総人口は1億2614万6000人。

❷鳥取県の人口（約54万人）に相当する人口減少があったことになる。

❸2023年9月の確定数。

❹2023年8月公表。推計は，出生と死亡の推移について，それぞれ中位・高位・低位の3仮定を設けて行われている。

❺2023年7月公表の「住民基本台帳に基づく人口，人口動態及び世帯数」による。

❻ただし，日本人住民だけで見ると0.1%の人口減少。

一方，東京都以外の道府県では人口が減少❼。秋田県，青森県，岩手県，山形県，福島県の順で，減少率が高かった。**北東北の人口減少は深刻だ。**

外国人住民が多い都道府県は，順に東京都，愛知県，群馬県，三重県，岐阜県，大阪府，静岡県。東海地方の4県がすべて含まれている。

総務省の「住民基本台帳人口移動報告2022年結果」によると，**転入超過は東京都を筆頭に11都府県❽**。逆に転出超過は，広島県，愛知県，福島県，新潟県の順に大きかった❾。

◇世帯

2020年の国勢調査によると**日本の世帯数は約5583万**。5年前の前回調査より約238万世帯（4.5％）の増加となった。

施設等の世帯を除いた**一般世帯の平均人員は2.21人**。前回の2.33人からさらに減少した。

一般世帯の約4割は世帯人員が1人の「単独世帯」。世帯人員が多くなるほど世帯数は少なくなる。

家族類型別に見て，「単独世帯」（38.1％）に次いで多いのは「夫婦と子供から成る世帯」（25.1％）。これに「夫婦のみの世帯」（20.1％），「ひとり親と子供から成る世帯」（9.0％）が続く❿。

65歳以上の5人に1人（19.0％）が「単独世帯」で生活。男女別では，65歳以上の男性の7人に1人，女性の5人に1人が「一人暮らし」をしている。

❼沖縄県も日本に復帰してから初めて人口減少を記録。

❽2023年1月公表。東京都以外は，神奈川，埼玉，千葉，大阪，福岡，滋賀，山梨，宮城，長野，茨城の各府県。

❾三大都市圏別に見ると，東京圏は転入超過だが，大阪圏と名古屋圏は転出超過。東京圏の転入超過では女性が男性を1.3万人ほど上回っている。

❿前回調査より単独世帯は14.8％増，ひとり親と子供から成る世帯は5.4％増となった。

出る文

→「人口推計」によると，2022年10月1日時点の日本の総人口は約1億2495万人で，前年に比べ55万6000人減少した。

→「日本の将来推計人口」によると，日本の総人口は今後さらに減少し，2056年には1億人を下回る。

→住民基本台帳に基づく総務省統計では，2022年に人口が増えたのは東京都だけで，他の道府県では人口が減少した。

→2020年の「国勢調査」によると，1世帯当たりの平均人員は2.21人で，一般世帯の約4割が単独世帯になっている。

12

社会問題

❶ 2021年の改正災害対策基本法は，（　　　）行動要支援者ごとの個別（　　）計画の作成を市町村の努力義務とした。　　　　　　　　　　　　　→p.159

❷ 2023年に閣議決定された新しい国土（　　　）化基本計画は，「デジタル等新技術の活用」などを基本方針に掲げた。　　　　　　　　　　　　→p.160

❸ 2020年，政府は「（　　　）削減推進基本方針」を策定し，外食での「食べきり」や「持ち帰り」を推奨した。　　　　　　　　　　　　　　　→p.161

❹ 第4期（　　　）基本計画は，感染症や災害といった緊急時を念頭に，不安心理につけ込む悪質商法への対策を強化するとした。　　　　　　→p.163

❺ 2022年の改正消費者（　　）法は，（　　）の取消権の対象範囲を拡充し，解約料の説明を努力義務化した。　　　　　　　　　　　　　→p.163

❻ 2023年の改正（　　　）法は，不当表示を行った事業者に対し，行政処分を経ない罰金刑を新たに定めた。　　　　　　　　　　　　　　　→p.163

❼ 第5次男女共同参画基本計画は，指導的地位における女性の割合を2020年代の早期に（　　）％程度にするとの目標を掲げた。　　　　　→p.165

❽「女性版骨太の方針2023」は，プライム市場の上場企業に対し，（　　　）を増やす具体的取組みを求めた。　　　　　　　　　　　　　　→p.165

❾ 政策決定過程に参画する女性は日本ではきわめて少なく，（　　　）議員の女性割合は1割に満たない。　　　　　　　　　　　　　　　　→p.167

❿「日本の将来推計人口」によると，日本の総人口は今後さらに減少し，2056年には（　　　）人を下回る。　　　　　　　　　　　　　　→p.169

解　答

❶ **避難**：なお，「避難行動要支援者名簿」の作成は市町村の義務。

❷ **強靱**：スパコンで線状降水帯を予測したり，ドローンで災害発生現場の状況を把握したりする。

❸ **食品ロス**：2019年の「食品ロス削減推進法」に基づいて策定された。

❹ **消費者**：不確かな情報の拡散防止にも取り組む。

❺ **契約**：退去困難な場所での勧誘や相談の連絡妨害があった場合を取消権の対象に含めた。

❻ **景品表示**：違反を繰り返した場合の課徴金の割増も盛り込んだ。

❼ **30**：「2020年30％」目標が実現しなかったため，表現が和らげられた。

❽ **女性役員**：数値目標は2030年までに30％以上の実現。

❾ **衆議院**：「国会」や「地方」では間違い。

❿ **1億**：2070年には8700万人になると予測されている。

12

社会問題

索引

＊色文字は見出し用語を表しています。

171

執筆責任者

高瀬淳一

名古屋外国語大学世界共生学部・同大学院教授，グローバル共生社会研究所所長。
主著：『サミットがわかれば世界が読める』（名古屋外国語大学出版会），『政治家を疑え』
（講談社），『できる大人はこう考える』（ちくま新書），『「不利益分配」社会－個人と政治の
新しい関係』（ちくま新書），『武器としての〈言葉政治〉－不利益分配時代の政治手法』（講
談社選書メチエ），『情報政治学講義』（新評論），『情報と政治』（新評論），『サミット』（芦
書房），『行政５科目まるごとパスワードneo2』，『行政５科目まるごとインストール
neo2』，『集中講義！国際関係の過去問』，『20日間で学ぶ国際関係の基礎』，『はじめて学ぶ
国際関係』，『論文・面接で問われる行政課題・政策論のポイント』（以上，実務教育出版）

本文組版：㈱森の印刷屋　　カバーデザイン：斉藤よしのぶ　　イラスト：高木みなこ

●**本書の内容に関するお問合せについて**

　本書の内容に誤りと思われるところがありましたら，お手数ですがまずは小社のブックスサイト（jitsumu.hondana.jp）中の本書ページ内にある正誤表・訂正表をご確認ください。正誤表・訂正表がない場合や，正誤表・訂正表に該当箇所が掲載されていない場合は，書名，発行年月日，お客様のお名前・連絡先，該当箇所のページ番号と具体的な誤りの内容・理由等をご記入のうえ，郵便，FAX，メールにてお問合せください。

　〒163-8671 東京都新宿区新宿1-1-12　実務教育出版　第二編集部問合せ窓口
　FAX：03-5369-2237　　E-mail：jitsumu_2hen@jitsumu.co.jp
【ご注意】※電話でのお問合せは，一切受け付けておりません。
　　　　　※内容の正誤以外のお問合せ（詳しい解説・受験指導のご要望等）には対応できません。

令和6年度試験完全対応　公務員試験　速攻の時事

2024年2月10日　初版第1刷発行　　　　　　　　　　　　　　　　〈検印省略〉

編　者——資格試験研究会
発行者——淺井　亨
発行所——株式会社実務教育出版
　〒163-8671　東京都新宿区新宿1-1-12
　☎編集03-3355-1812　販売03-3355-1951
　振替　00160-0-78270
印刷・製本——図書印刷